KB203579

여보게! 께어있는가

여보게! 께어있는가

2024년 9월 25일 초판 1쇄 발행

엮은이   백송 이규만
펴낸이   이규만
디자인   B&D
펴낸곳   참글세상

출판등록 2009년 3월 11일 제300-2009-24호
주소   (우)03149 서울시 종로구 인사동 7길 12 백상빌딩 1305호
전화   02 · 730 · 2500
팩스   02 · 723 · 5961
이메일   kyoon1003@hanmail.net

ISBN 978-89-94781-70-9   03220

※ 잘못된 책은 교환해 드립니다.
※ 이 책은 저작권법에 따라 보호받는 저작물이므로 무단전재와 무단복제를 금지하며,
   이 책 내용의 일부를 이용할 때도 반드시 지은이와 출판사의 서면 동의를 받아야 합니다.
※ 이 책의 수익금 1%는 어린이를 위한 나눔의 기금으로 쓰입니다.

마 음 찾 아 가 는 글

 선지식에게 배우는 삶의 지혜

여보게! 깨어있는가

이규만 엮음

참글세상
1% 나눔의 기름

머리말

깨친 선사들의 대화는 우리 같은 범부들은 이해할 수 없는 말들이 오고 간다. 우리가 생각하는 세계와는 전혀 다른 차원의 대화들이다. 그런 선사들을 우리는 한 소식했다 하고 깨쳤다고 하는 선지식들이다.

선(禪)은 문자에 의지하지 않고 정체되어 있는 사람의 마음을 깨워 부처를 이루게 하는 최고의 수행법이다. 교리를 벗어나 마음과 마음으로 그 묘의를 전하는 이심전심(以心傳心)으로 통하는 수행이다. 부처님이 꽃을 드니 가섭존자만이 그 뜻을 알아차리고 빙그레 미소로 화답하였다. 이것이 그 유명한 염화미소(拈花微笑)이다.

이 책의 내용은 '무문혜개' 선사의 『무문관』과 '불과원오' 선사의 『벽암록』에 나와 있는 내용들을 간추린 것이다. 출가 수행자가 아닌 일반 수행자들로서는 선수행이 아무리 훌륭한 수행법이라지만 직접 체험하기는 쉽지가 않다. 차선책으로 선어록을 보면서 선의 세계를 맛 볼 수는 있다. 하지만 선어록을 펼치는 순간 이게 무슨 소리인지 어리둥절하지 않을 수 없다.

예를 들자면 운문은 "모든 부처가 나온 곳은 어디입니까?" 라는 물음에 "산이 물 위로 간다."고 하고 조주는 "달마가 서쪽에서 오신 뜻이 무엇입니까?" 라는 물음에 "뜰 앞에 잣나무이니라."라는 식으로 대답을 한다. 또한 아난존자가 가섭존자에게 물었다. "세존께서 '금란가사' 외에 따로 전한 물건이 있는지요?" 가섭은 대답대신 '아난아!'하고 불렀다. 아난이 '네'하고 대답하자 가섭은 이렇게 말했다. "저 문 앞에 있는 깃대를 꺾어 버려라" 이처럼 선문답은 동문서답으로 그 뜻을 이해하지 못하면 알아들을 수가 없다. 상식이나 논리가 통하지 않는, 깨우쳐야 알아들을 수 있는 세계인 것이다. 범부들은 도통 알아들을 수가 없는 대답들이다.

원칙적으로 말하면 상식이나 논리를 털어버린 그곳에 선의 비밀이 있다. 선은 삼라만상의 실제 모습을 일그러짐 없이 있는 그대로의 모습을 표현하고자 한다. 사물이면 사물, 마음이면 마음의 진실을 파악한다. 따라서 선에 있어서는 고정 된 틀이나 이론은 번거로울 뿐이다.

상식을 깨고 논리를 초월하는 선사들의 기상천외한 행동은 곧바로 본질로 눈을 돌리게 하는 방편이다. 사람이란 틈만 있으면 머리를 굴려 엉뚱한 생각을 한다. 선사들은 이런 것을 방지하기 위해 극한 상황에서 한눈 팔 틈을 주지 않기 위한 파격적인 행위를 서슴없이 한다.

요즘 Mz세대들에게 불교를 바라보는 시선이 달라지고 있다.

각 대학마다 불교 동아리가 활성화되는 현상은 마음의 자리를 잡지 못한 젊은이들이 하나의 탈출구의 수단이 아닐까 생각이 든다.

갈피를 잡지 못하는 젊은이들의 마음을 바로 잡아줄 방법이 바로 명상이나 참선수행법을 알려 진정한 '나'를 찾을 수 있도록 이끌어주는 것이 수행자(스님)나 불교인들이 할 일이다. 입시에 쫓기고 취업에 쫓기다 보니 정작 내 마음은 무엇을 해야 하는지 모르고 살고 있다. 무엇이 중한지 모른 채 세월에 쫓기며 경제적 부를 추구하는 세상이 참으로 안타깝기만 하다.

여러 사찰에서 템플스테이가 활발하게 운영되고 있고 참가자들의 연령도 젊어지고 인원도 많이 늘어나고 있다. 참으로 좋은 현상이다.

항상 정신이 깨어 있어야 올바른 생각을 하고 이로운 결정을 할 수 있다. 깨어있으라.

이 책에 수록된 선어(禪語)들은 선사들이 목숨을 걸고 수행한 끝에 얻은 한마디이다. 죽어있는 언어가 아니라 펄펄 살아있는 활어(活語)다. 눈으로 건성건성 읽어서는 그 묘미를 맛볼 수 없다. 마음으로 읽을 때 우리의 영혼을 뒤흔들어 깨우는 선사들의 사자후를 들을 수 있다.

백송 이 규 만 합장

목차

마음이 곧 부처

셋째 마디 산이 물 위로 간다

첫·째·마·디

뜰 앞의 잣나무

어느 날 수행승이 조주 선사에게 물었다.
"달마 조사께서 서쪽에서 오신 뜻이 무엇입니까?"
"뜰 앞이 잣나무니라."
"선사께서는 비유를 들어 말하지 마십시오."
"나는 비유를 들어 말하지 않는다."
"달마 조사께서 서쪽에서 오신 뜻이 무엇입니까?"
"뜰 앞의 잣나무니라."

제1화

꿈 (夢)

'꿈(夢)'은 일반적으로 잠속에서 일어나는 생각이나 환각이라고들 한다. 어떤 사람은 꿈이 없는 잠은 없다고 하며, 또 다른 사람은 부분적으로 각성할 때 꿈이 나타난다고 한다.

꿈의 발생은 외적 환경과 신체 내부와의 감각적 자극으로부터 일어난다. 이 꿈은 거의 시각적인 것이라고 한다. 하지만 청각적인 꿈, 미각적인 꿈도 있으며, 날아다니거나 걸어 다니는 운동감각적인 꿈도 적지 않다. 꿈속에서 진실을 발견해 창작과 발명을 하는 경우도 있다고 하는데, 이런 꿈이야말로 정말 누구나 꾸고 싶은 것이다.

설혹 그 꿈이 비현실적인 꿈이라 할지라도 꿈을 갖는 것은 일생을 즐겁게 해준다. 이상이나 희망은 꿈이긴 하지만 언젠가는 현실화할 수도 있는 것이다. 그러나 일반적으로 꿈은 거품처럼 사라져 버리고 마는 덧없고 싱겁고, 그리고 무상(無常)한 것이다.

이런 이야기가 있다.

옛날 중국 촉(蜀)나라에 노생(盧生)이라는 청년이 있었다. 그는 관리로 출세하고 싶어 시험을 치르려고 한단(邯鄲)에 왔다. 마침 아침때가 되어서 음식점에 들어가 음식을 시켜 놓고는 그만 피곤하여 잠이 들고 말았다. 그는 누런 밥이 익는 동안 꿈을 꿨는데, 꿈속에서 평생 동안의 부귀영화를 누렸다고 한다.

또 광릉(廣陵) 땅에 순우분(淳于棼)이라는 청년이 있었다. 꿈에 괴안국(槐安國)에 들어가 남가(南家)라는 마을의 수령이 되어 세금을 징수하는 등 출세를 했다고 한다. 이 내용은 도가(道家)의 책인《장자(莊子)》에 나온다. 전자를 '한단의 꿈', 후자를 '남가의 꿈'이라고 한다.

노생이나 순우분 모두 꿈에서 깨어나서는 그 꿈이 망상이요, 환각임을 깨닫는다.

우리가 매일매일 독송하는《금강경》에도 이런 구절이 나온다.

一切有爲法　　이 세상 모든 것은

如夢幻泡影　　꿈 같고, 허깨비 같고, 물거품 같고, 그림자 같고

如露亦如電　　이슬과 같고, 번갯불과 같으니

應作如是觀　　마땅히 이와 같이 보아야 한다.

이 내용은 세상의 모든 사물을 꿈이나 환각으로 보라는 얘기다. 즉

세계와 우리 인생은 실체가 없는 덧없는 일시적 현상에 불과한데, 우리는 이를 진실하고 영원한 것으로 여기고 있다. 때문에 이러한 미망의 세계로부터 각성하기 위해서는 모든 사물을 꿈으로 보아야 한다.

옛사람은 꿈에 대해 이렇게 읊었다.

> "꿈같은 세상에서 꿈꾸는 꿈을 꾸지 말고
> 꿈꾸지 않는 꿈을 꿀 줄 알아라."

이러한 꿈이야말로 참다운 꿈이라고 하겠다.

택암(澤庵) 선사가 말하는 꿈도 이 같은 깊은 의미를 나타내고 있다. 제자들이 죽음에 임박한 택암 선사에게 사세송(辭世頌:임종 시에 남기는 선사들의 게송)을 청하자, 그는 꿈 한 글자에다 "옳은 것도 꿈, 그른 것도 꿈, 미륵도 꿈, 관세음도 꿈, 진실로 이렇게 보아야 한다고 부처님은 말씀했지."라는 글을 써주고는 이내 입적했다. 이 사세송으로도 알 수 있듯이 택암은 유형이든 무형이든 세상 일체의 것을 꿈으로 보았다. 꿈이야말로 상대적 인식의 세계를 벗어난 깨달음의 경지이니, 선사의 73년 생애가 '꿈(夢)' 한 글자로 응결되고 있는 것이다.

그는 일체를 꿈으로 보았으며, 꿈에 철저한 인생을 살았다고 하겠다.

《장자》〈제물론(齊物論)〉에는 장자가 나비가 된 유명한 이야기가 있다.

어느 날 장자는 나비가 된 꿈을 꾸었다. 희희낙락 즐거워하며 하늘을 날아다니느라 자기가 꿈에 나비가 된 것도 잊어버리고 있었다. 그러다 문득 눈을 뜨고 보니 자기는 다름 아닌 인간 장주(莊周 : 장자의 이름)였던 것이다. 생각건대, 장주가 꿈에서 나비가 된 것인지 아니면 나비가 장주가 된 것인지 알 수가 없었다.

장자가 깨닫게 된 절대세계는 꿈이든 현실이든 혹은 나비가 됐든 장주가 됐든 모두가 실재(實在) 속에서 이루어진 하나의 변화일 따름이다. 요컨대 만물은 일체이며 하나라는 것이다. 장자는 꿈속에서 자신을 잊고 나비가 됐다. 이처럼 자신을 잊어버리는 꿈이야말로 선 수행자들이 지향해야 할 꿈인 것이다.

《금강경金剛經》

제2화

지족 (知足)

　부처님이 임종할 때 후세 사람들을 위해 설법한 《유교경》을 보면 불교 수행자가 지켜야 할 여덟 가지 덕목을 들고 있다. 그중 하나가 지족(知足 :만족할 줄 아는 것)이다.

　여덟 가지 덕목은 욕심을 적게 하라(少欲), 만족할 줄 알라(知足), 고요함을 유지하라(寂靜), 정진하라(精進), 올바른 생각을 지키라(守正念), 선정을 닦으라(修禪慧), 지혜를 닦으라(修智慧), 쓸데없는 논쟁을 하지 말라(不戲論) 등으로 이것을 '수행자가 명심해야 할 여덟 가지'라고도 한다. 지족의 경지는 이 덕목들을 닦음으로써 얻을 수 있다.

　'지족'은 늘 자기 분수를 알고 만족하는 것이다. 인간의 고뇌는 모두 욕망에서 일어나는 것이며, 이 욕망은 만족할 줄을 모르기 때문에 생기는 것이다. 욕망을 줄이고 분수를 지켜 탐내지 않는 것이 중요하

18

다. 맹모삼천지교(孟母三遷之敎 : 맹자의 어머니가 맹자의 교육을 위해 세 번씩이나 이사한 것을 말함)로 알려진 중국 전국시대의 맹자도《맹자》진심장(盡心章)에서 이렇게 말했다.

"마음을 기르는 데는 욕심을 적게 하는 것보다 좋은 것은 없다."

이는 욕심을 적게 하는 것이야말로 마음을 기르는 최고의 방법이라고 말한 것인데, 선 수행 역시 지족을 중요한 덕목으로 보고 있다.

이 지족에 대해 부처님은《유교경》에서 이렇게 설하고 있다.

온갖 고뇌에서 벗어나고 싶다면 진실로 지족을 생각할 줄 알아야 한다. 지족의 법(法)은 곧 부유하고 즐겁고 편안한 것이다. 지족을 아는 인간은 지상에 누워 있어도 안락하겠지만 지족을 모르는 인간은 설사 천당에 있다 해도 마음에 만족을 모른다. 지족을 모르는 자는 부유한 재산을 가졌다 해도 실제로는 가난하다. 지족하는 사람은 가진 것이 없다 해도 실제로는 부유하다. 지족을 모르는 자는 늘 여러 가지 욕심에 끌린다. 이것을 지족이라 이름 한다. 연예인들에게 특히 많이 찾아오는 공황장애, 우울증 등은 관심을 많이 받다가 일이 소원해지고 대중에게서 멀어지는 느낌을 받을 때 많이 찾아온다. 바로 관심을 받을 때만 생각하기 때문이다.

즉 만족할 줄 아는 사람은 빈곤에 처하더라도 마음이 넓고 느긋해 편안한 상태이며, 만족할 줄 모르는 사람은 설사 부유하더라도 마음이 탐욕으로 가득 차 늘 불안한 상태이다. 이 양자를 비교해 보면 실로 만족할 줄 아는 자가 부유하면서도 편안한 사람이라 하겠다.

《법구경》에서는 "지족이 첫째가는 부(富)"라고 말하고 있고,《노자(老子)》에서도 역시 "만족할 줄 아는 사람이 부자"라고 말한다. 다도(茶道)에서도 지족을 가장 중시하고 있다. "차는 지족을 근본으로 삼는다. 다도는 분수에 만족할 줄 아는 방법이다." 또는 "만족할 줄 모르는 사람은 사람이 아니다."라는 말은 지족의 중요성을 강조한 것이다.

지족을 좌우명으로 삼아 '마음이 부자'인 인생을 살아갈 일이다.

《유교경遺教經》

제3화

모른다 (不識)

'불식(不識:모른다)'은 선의 창시자인 달마 대사가 양나라 무제와 문답하면서 쓴 선의 명구이다. 이 '모른다(不識)'와 함께 '공덕이 없다(無功德)' '텅 비어 아무런 성스러운 것이 없다(廓然無聖)'라고 하는 선구도 대단히 유명하다.

달마는 선(禪)을 전하기 위해 바닷길로 3년이나 걸려 양나라 보통(普通) 7년(526년)에 중국 광주(廣州)에 도착했다. 당시 그는 130여 세의 고령이었다고 한다. '불심왕자(佛心王者)'로까지 존경받을 정도로 불법에 깊이 귀의하고 있던 무제는 멀리서 온 달마를 금릉(金陵)으로 초대해 이렇게 물었다.

무제 : "불법의 근본 뜻은 무엇입니까(如何是聖諦第一義)?"
달마 : "텅 비어 아무런 성스러운 것이 없습니다(廓然無聖)."

21

무제는 달마의 말을 이해할 수 없어 다시 물었다.

무제 : "당신은 누구입니까(對朕者誰)?"
달마 : "모릅니다(不識)."

무제는 달마가 답한 이 한마디가 무슨 뜻인지 이해할 수 없었다.

불식은 일반적으로 '알지 못한다'는 뜻이지만, 선문에서 쓰는 의미는 꼭 그것만은 아니다. 불식에는 깊은 의미가 있으니, 달마의 경지의 수행이 되지 않고서는 이해하기 어려운 것이다. 그것은 소위 '사고가 미치지 못하고 말길이 끊어진(言慮不及 言語道斷)' 세계이다.

달마는 집착과 분별에 의해 성인과 범부, 유(有)와 무(無)의 대립적 사고를 하고 있는 무제의 관념을 없애기 위해 '불식'이라고 말한 것이다. 불식(不識)은 알고 모름의 분별의식을 초월한 고차원의 불식이다. 그래서 양쪽의 상대적 인식을 없애야 하는 것이다. 알고 모름의 분별을 하지 않고 완전히 버릴 때 비로소 불식을 이해하게 된다. 상대적 세계에만 머무르고, 그로부터 벗어나지 못하는 한 불식을 이해하기란 불가능하다.

무제는 이 같은 대립적인 분별의식에 머물러 그로부터 벗어나려 하지 않았기 때문에 상대적인 세계를 초월해 절대의 세계에 서 있는 달마를 이해할 수 없었던 것이다. 이 '불식'의 공안 역시 수행 체험에 의해서만 이해할 수 있는 것이기 때문에 쉬운 선어는 아니다.

　다도(茶道)에서도 '불식'을 사용한다. 불식암(不識庵)·불식헌(不識軒)·불식재(不識齋) 등을 호(號)로 쓰고 있으며, '불식'이란 이름을 붙인 다기(茶器)도 있다. 불식은 정말 묘한 맛이 나는 선어이지만 이를 이해하기 위해서는 직접 참선해 보는 것이 필요하다.

《벽암록碧巖錄》

제4화

공덕이 없다 (無功德)

양나라 무제가 멀리서 온 달마 대사를 금릉에 초대하여 물었다.

무제 : "짐은 즉위한 이래 절을 짓고 불상을 만들고 경전을 간행하고 스님을 모신 것이 헤아릴 수 없을 만큼 많습니다. 공덕이 어느 정도나 됩니까?"

달마 : "아무 공덕이 없습니다(無功德)."

무제의 질문은 누구나 물을 수 있는 일반적인 질문이다. 그러나 무제는 자기의 기대와는 어긋난 달마의 대답을 듣고 몹시 불쾌했다.

그래서 무제는 다시 물었다.

무제 : "내 이토록 불법을 위해 온 힘을 다했는데도 아무 공덕이 없

단 말입니까?"

달마 : "공덕을 자랑하거나, 은혜 베풀었다고 생각하거나, 칭송과
숭배받기를 기대한다면 그것은 공덕이 될 수 없습니다."

선행을 의식하고 한 선행은 참된 선행이 아니고 공덕을 의식하고
쌓은 공덕은 참 공덕이 아님을 간곡히 논한 것이다. 바로 여기에 달
마 대사의 자비심이 있으며 친절이 있는 것이다.

참된 공덕이라면 달마가 설파했듯이 '무공덕'이어야 한다. 보시(普
施)에서도 무주상보시를 중요하게 여긴다. 보시했다는 마음을 내지
않는 마음이 있어야 한다는 것이다. 위의 무제와 마찬가지로 공덕을
베풀고 나서 그 일을 생색을 내거나 자랑을 하면 그 공덕은 헛것이
된다는 의미이다. 복을 지었으면 지은대로 베풀었으면 베푼 그 자리
에서 지워버려야 진정한 공덕이 된다는 달마의 대답인데 무제는 알
아차리지 못하고 다시 묻고 있는 것이다.

무제의 마음이나 중생들의 마음도 마찬가지이다. 무슨 일을 했으
면 반드시 대가를 바라고 하는 일이 많다.

선문에서는 공(功) 없는 활동을 '무공용(無功用)'이라 하여 남몰래
선행을 쌓는 마음가짐이 중요하다고 가르친다. 이를 음덕(陰德)이라
고 한다. 《장자》〈소요유(逍遙遊)〉에서는 '쓸모 없음의 쓰임새(無用之

用)’와 ‘공 없음(無功)’을 설하고 있다. 참된 쓸모 있음은 세간의 공리적 유용성을 초월하는 것이며, 그 초월한 곳 즉 세간의 쓸모 없는 것 속에 참된 유용성이 있다는 것이다(無用之用). 또 세속적인 공덕을 초월한 곳에 참 공덕이 있는 것이다. 장자의 이러한 사상은 선문에서 말하는 ‘무공덕’이나 ‘무공용’과 서로 통한다. 요컨대 공덕이란 자기가 공덕을 쌓았다는 의식뿐만 아니라 아무 공덕이 없다는 의식마저 비워 버리고, 오직 무심으로 공덕과 선행을 쌓는 것이 진정 중요하다. 달마의 참뜻은 바로 여기에 있다고 하겠다.

《오등회원五燈會元》

제5화

마음을 갖고 오라 (將心來)

혜가: 저는 마음이 편치 않습니다. 부디 마음을 편안하게 해주십시오.

달마: 그래, 그러면 마음을 가지고 오너라. 편안하게 해주마.

혜가: 그 마음은 찾아도 찾을 수 없습니다.

달마: 나는 네 마음을 이미 편안케 해주었다.

이것은 혜가(慧可, 487~593)와 달마의 유명한 문답으로 안심법문 (安心法門: 마음을 편안히 해주는 법문)이라고 한다.

2조 혜가가 면벽(面壁: 참선) 중인 달마를 찾아가 간곡히 가르침을 요청했지만 달마는 쳐다보지도 않은 채 묵묵히 좌선만 하고 있었다. 때마침 내린 겨울의 폭설은 무릎 꿇고 앉아 있는 혜가의 허리까지 차올랐다. 혜가는 더 이상 기다릴 수 없었다. 차고 있던 칼로 팔을 잘라 달마 대사에게 바쳤다. 흘러내린 피가 쌓인 눈을 적시고 공산(空

山)에 일점(一點)을 남기고 있었다. 달마는 그의 결심이 강철 같음을 알고 제자로 맞아들여 법을 전하고 '혜가(慧可)'라는 이름을 주었다. 이상이 혜가와 달마의 만남이었다.

혜가는 후에 달마의 법을 이어 2조가 된다. 위의 대화도 그러한 종지를 보이는 중요한 화두가 되어 여러 가지 주석(註釋)이 붙게 된다. 가장 오래된 자료인 《이입사행론장권자》에는 이것이 혜가와 그의 제자간의 문답으로 되어 있다.

그런데 중요한 것은 달마의 대답이 단순한 돈지(頓智)나 상대의 의표를 찌르는 궤변, 또는 재치 있는 카운슬링이 아니었다는 점이다. 여기에는 그러한 것들을 모두 포함하면서도 그와는 다른 무엇인가가 있다.

혜가가 달마에게서 구한 것은 단순히 마음을 진정시키는 방법이나 그 원리가 아니라, 현재의 자신의 마음을 단번에 안정시키는 것이었다. 달마는 확실히 혜가의 마음을 편안하게 했다. 그는 단순한 방편이나 일시적인 위안이 아니라, 가장 본래적이고 근원적인 상대의 마음 자체를 적나라하게 내보이게 했다.

마음은 편안하지도, 불편한 것도 아니다. 찾아도 찾을 수 없다는 말은 단지 마음이 발견되지 않는다는 절망의 표시가 아니라, 자신의 마음의 본질을 이해한다는 자기 확신을 의미한다.

2조 혜가는 이미 40고개를 넘고 있었다. 내외의 서적을 모두 읽고 배워야 할 것은 모두 배웠다. 사색이나 실천도 그가 할 수 있는 한 모두 다했다. 그러나 문제는 아직 남아 있었다. '저는 마음이 편치 않습니다'가 바로 그것이다.

"번뇌를 끊지 않고 보리를 얻는다." 라는 《유마경》의 말이나 "미혹한 마음 밖에 따로 깨달음은 없는 것, 과거도 미래도 현재도 마음을 파악할 수 없다." 는 《금강경》의 삼세심불가득(三世心不可得 :과거심 · 현재심 · 미래심 모두 찾을 수 없다)의 가르침도 혜가는 이미 알고 있었다. 이제 그에게 필요한 것은 번뇌를 끊지 않고 보리를 얻는 도리나 방법이 아니라, 참으로 번뇌를 끊지 않고 보리를 얻는 것 바로 그것이다.

삼세심불가득의 도리에 대해서도 마찬가지이다. 혜가에게 문제가 되는 것은 현재의 자신이 안고 있는 불안을 없애는 것이었다. 달마는 그러한 혜가의 불안을 정통으로 제거한다. '불편한 지금의 마음을 가져오라'는 달마의 말 한마디로 혜가는 본래의 편안함을 회복한다. 본래의 편안함은 이제 과거와 미래와 현재와 관계가 없으며, 잃어버림도 없고 회복됨도 없는 자기 자신의 모습인 것이다.

마음이란 것은 보이지도 만질 수도 없는 것이기에 밖에서도 찾을 수가 없는 것이다.

그런 마음을 우리들은 밖에서만 찾으려고 애를 쓴다. 마음은 곧 내 안에 있는 것이다.

내 안에 있다는 것을 알아차리는 순간 바로 해탈하는 것이다.

《무문관無門關》

확연무성 (廓然無聖)

양나라 무제는 불법을 위해 공덕을 많이 쌓았지만, 달마 대사는
"공덕이 없다(無功德)."고 설파했다. 그러자 무제는 "어떠한 것이 성
제제일의(聖諦第一義)입니까?"라고 질문했다.

이 '성제'의 '성(聖)'은 성인이나 부처님을 말하며, '제(諦)'는 진리를
말한다. 따라서 '성제'는 부처님이나 성인이 깨달은 진리를 말하지
만 일반적으로는 불도나 불법의 의미로 쓰인다. '제일의'는 더 이상
위가 없는 근본적인 뜻이라는 의미가 있다. 요컨대 '성제제일의'는
불법의 극치, 불법의 진수라 할 수 있다. 무제는 불법의 가장 근본적
인 뜻이 무엇이냐고 물은 것이다.

달마는 무제의 이 질문에 대해 '확연무성'이라고 갈파했다. '확연'
은 어떤 것에도 집착하지 않는 확 트인 무심의 경지를 형용하는 말
이다. '무성'은 무제가 "어떠한 것이 성제제일의입니까?"라고 물었

30

기 때문에, 불법에는 어떠한 성제도 제일의도 없다는 뜻으로 대답한 것이다. 무애자재한 깨달음의 심경에서 말한다면 범부와 성인, 부처님과 중생, 유(有)와 무(無), 옳음(是)과 그름(非) 등의 이원적 대립을 없앤 절대의 세계에서는 그 어떤 것도 존재하지 않는 것이다. 무제가 성제와 제일의에 집착하고 있기 때문에, 그 망상이나 분별심에 의한 상대적 인식을 없애기 위해 '확연무성'이라고 갈파한 것이다. 이 '확연무성'이야말로 바로 '성제제일의'이며, 그 자체가 불법의 근본 뜻이다. 달마는 친절히 깨우쳐 주었지만 무제는 이해할 수 없었다.

가장 절대적이고 본질적인 종교적 가치를 '성(聖)'이라는 말로 표현했는데, 이 성(聖)을 부정한 것이 '무성'이다. 선문에서는 일체의 것을 남김없이 비워 버리기 때문에 성(聖)마저도 부정해 버린다. 이처럼 선은 종교의 본질적 가치인 성마저 비워 버린 특이한 종교이다. '무성'은 다시 말해서 무심이라고도 할 수 있다. 무심이나 무(無)가 선문의 근본 뜻이기 때문에 '무성'의 입장을 취하는 것은 당연하다 하겠다.

《벽암록碧巖錄》

제7화

본래의 모습 (本來面目)

6조 혜능은 5조 홍인(五祖 弘忍)의 법을 계승해 의발(衣鉢)을 전수받았는데, 대중의 시샘으로 박해를 받아 남쪽으로 도피했다. 그 의발을 빼앗으려고 뒤를 쫓는 사람 중에 무사 출신의 혜명(慧命)이라는 자가 있었다.

혜능은 혜명에게 다음과 같이 물었다.

본래면목(본래의 모습)이란 무엇인가? 그것은 청정한 불성이다. 그런데 청청하다는 말은 또 무엇인가? 사실 보리수에 비유될만한 몸도 원래 없고 밝은 거울에 비유될 마음도 원래 없다. 몸도 없고 마음도 없기에 몸과 마음을 닦아 청정하게 한다는 뜻 또한 성립될 수 없다. 그러므로 '청정하다'는 말은 역설적으로 청정하다는 뜻조차 품지 않아야 한다. 즉 청정함은 청정함조차 없는 것이다. 따라서 '본래면목'은 청정하기도 하고 청정하지 않기도 하다. 그런 의미에서 그것은 선도 악도 아니다. 오로지 인연만 있을 뿐이다. 하지만 그 인연조차 끊임없이 변하므로 있다고도 없다고도 할 수 없다. 바로 이것을 일컬어 '청정하다'고 한다. 그래서 그것은 무상한 것이다.

"선도 악도 생각하지 않을 때, 다시 말해서 선악에 대해 한 생각도 없을 때 그대의 본래면목은 무엇인가?"

혜명은 이 말을 듣고 언하(言下)에 깨달았다. 그 자리에서 혜명은 본래면목을 자각하였으며, 혜능은 그에게 법을 전한다는(傳法) 증명을 해주었다. 이것을 '직지인심' '견성성불'이라 말한다. 이때부터 선종에서는 '본래면목'이라는 말이 빈번히 쓰였던 것이다.

여기서 거론하고 있는 '본래면목'은 본래의 고유한 자기, 순수무구한 자기, 있는 그대로의 진실한 자기, 또는 태어나기 전의 자기를 말한다. 또 선문에서는 선천적으로 갖고 있는 본심·본성·불심·불성이라고도 하고, 본지풍광(本地風光)·본분소식(本分消息)·주인공(主人公)·무위진인(無位眞人)이라고도 한다. 이처럼 본래면목은 갖가지로 표현되긴 하지만, 그 요점은 사람들이 본래 갖추고 있는 진실한 모습이며, '참나'이며 순수한 인간성이다.

망상이나 분별심이 있기 때문에 본래 갖추고 있는 진실한 자기, 즉 '본래면목'이 나타나지 않는 것이다. 그 망상이나 분별심으로 덮인

구름을 없애면 마음의 밝은 거울(明鏡)인 본래면목이 저절로 본래 청정했던 모습으로 되돌아간다. 상대적 인식을 없애는 '불사선불사악(不思善不思惡)'에 투철하는 것이 아주 중요하며, 그렇게 할 때 '본래면목'은 그 참모습을 드러내게 된다.

유교에서도 '본래면목'의 경지를 잘 표현하고 있는 구절이 있다. 공자의 손자 자사(子思)가 지은 《중용》에는 "희로애락(喜怒哀樂)이 아직 발하지 않은, 그 상태를 중(中)이라 한다."라는 말이 나온다. 이는 기쁨·슬픔·성냄·두려움·사랑·미움·바람의 7정(七情)이 발생하기 전의 상태를 중(中)이라 하는 것이다. 7정이 일어나기 전의 상태가 마음의 본체로서, 이를 '성(性 ; 본심·본성·마음의 본체)'이라 하고 '중(中)'이라 하는데, 이것이 바로 '부모에게서 낳기 이전(父母未生前)'이며 '본래면목'인 것이다. 또 《중용》에 "솔개는 하늘을 날고, 물고기는 연못에서 뛰논다."라는 유명한 구절이 있는데, 이 역시 참나의 면목을 뛰노는 그대로 진실하게 표현한 것이다.

왕양명(王陽明)은 '양지(良知)'를 본래면목으로 서술하고 있다.

"선도 악도 생각지 않을 때 본래의 면목을 인정한다. 이것이 부처님이 본래면목을 아직 깨닫지 못한 자를 위해 방편으로 설한 것이다. 본래면목은 바로 우리 유교에서 말하는 양지이다."

이 양지는 아직 발하지 않은 '중(中)'의 상태이며, 선문에서 말하는 본심·본성이며, 부모에게서 낳기 이전의 '본래면목'을 나타낸다.

《육조단경六祖壇經》

제8화

맑은 바람, 밝은 달 (淸風明月)

'청풍명월'은 바람이 서늘하고 달이 밝다는 뜻으로 월백풍청(月白風淸)이라고도 한다. '청풍'은 가슴까지 서늘한 시원한 바람, '명월'은 깨끗하고 맑은 달로서 '청풍명월'은 티끌만한 오염도 없는 순수하고 청명한 심경, 다시 말해서 번뇌망상을 없앤 무아·무심의 경지를 비유한 것으로 불성을 말한다. 또 자성청정심(自性淸淨心)·본래면목(本來面目)·법성(法性)이라고도 한다. 이처럼 청풍명월은 선적(禪的)인 의미를 갖고 있는데, 통속적으로는 '순수한 인간성'이나 '진실한 자기'를 나타낸다.

본래의 순진무구한 불성을 나타내는 청풍명월을《인천안목(人天眼目)》에서는 이렇게 표현하고 있다.

"명월과 청풍은 멋대로 오고 간다.

청풍은 명월을 배제하고 명월은 청풍을 배제한다."

이 말은 무심의 경계로서 자유롭고 무애자재한 묘용(妙用)을 나타
낸 것이다. 또 "명월청풍이 무진장하다(明月淸風無盡藏)."는 말은 본성
이 일체의 삼라만상을 남김없이 포함하고 있는 광대무변한 덕을 나
타내고 있다.

불심 · 불성의 보편성에 대해《벽암록》에서는 이렇게 말한다.

"누구 집엔들 명월과 청풍이 없겠는가?"

이것은 빈부귀천의 차별 없이 어느 집에나 똑같이 명월이 깃들고
청풍이 불어온다는 뜻으로, 불심 · 불성이 만인에게 평등히 갖춰져
있음을 나타내고 있다. 이와 똑같은 의미를 지닌 말로 "명월과 청풍
이 모두 한가족"이라는 말도 있고 표현은 좀 다르지만 "어느 집 아궁
이인들 불을 때면 연기가 안 나겠는가?"라는 구절도 있다. 어느 누구
에게나 평등한 불법은 모든 불성이 있는 이 세계 어느 곳에나 있다
는 것을 말한 것이다.

불교경전에서는 이러한 의미를 '실유불성(悉有佛性 ; 모두에게 불성
이 있다)'이라고 표현한다. 그런데 불성이란 인간에게만 존재하는 것
이 아니라 하늘과 땅 사이에 있는 일체 만물 모두가 불성을 갖추고

있다. 더 구체적으로 말하면 일체 만물 그 자체가 불성이라고 느끼는 것이다.

불성 또는 '순수한 자기'인 청풍명월은 누구에게나 평등하게 깃들어 있지만, 사람들은 이를 알아채지 못하고 그냥 지나치고 있다. 따라서 청풍명월을 자기 밖이 아니라 자기 안에 존재하는 것으로 파악하는 것이 중요하다. 명월이 비치고 청풍이 부는 심경으로 매일매일을 좋은 날(日日是好日), 매년 매년을 좋은 해로 보내고 싶다.

《벽암록碧巖錄》

제9화

버들은 푸르고 꽃은 붉다 (柳綠花紅)

"버들은 푸르고 꽃은 붉다."는 《천로금강경주(川老金剛經註)》 외에도 송나라 때 시인 소동파의 시에서도 나오는 선 문구이다.

이 말은 버들은 푸른 실가지를 드리우고 꽃은 빨갛게 피어난다고 하여 실로 빼어난 봄 경치를 나타내고 있다. 아름다운 자연 경치이며, 전혀 인위적인 것을 가하지 않은, 있는 그대로의 변치 않는 진실한 모습이다. 버들이 푸르고 꽃이 붉은 것은 당연한 것이다. 만일 거꾸로 버들이 붉고 꽃이 푸르다고 하면 이는 거짓된 모습이지, 본래 갖추고 있는 진실한 모습이라고는 할 수 없다.

송나라 때의 고승인 불인요원(佛印了元) 선사와 동림상총(東林常總) 선사에게 선을 배워 대오한 소동파는 자연 그대로의 모습에 불변의 진리가 깃들어 있음을 직관하고서 "버들은 푸르고 꽃은 붉으니, 이야말로 있는 그대로의 참면목이 아닌가!"라고 갈파했다.

자연의 풍물은 모두 부처님의 모습이다. 그래서 도원 선사는 "산 봉우리의 빛깔과 골짜기의 소리 모두가, 우리 석가모니 부처님의 소리와 모습이라네,"라고 한 것이며, 소동파도 "계곡의 물소리는 부처님의 장광설(長廣舌)이요, 산 빛깔 또한 부처님의 청정신(淸淨身)이 아니겠는가."라고 읊은 것이다. 이처럼 도원 선사와 소동파 모두가 물소리를 은혜로운 부처님의 소리로 듣고 있으며, 산 빛깔을 존귀한 부처님의 모습으로 받아들이고 있다. 이는 삿된 생각과 망상을 없앤 무심의 경지라고 하겠다. 자연은 있는 그대로만 보여준다. 봄이면 연초록의 잎이 돋아나고 꽃이 피고, 여름이면 짙고 풍성한 푸른 잎으로 변하고, 가을이면 녹색은 사라지고 제각각 아름다운 단풍이 되어 가고, 겨울이면 잎을 모두 떨구어 겨울나기에 들어간다. 사람들 마음처럼 휘둘리지 않는 것이 자연은 본래면목이란 것을 보여준다.

천지간의 만물은 부처님 자체가 나타난 것이니, 부처님의 소리나 부처님의 모습 아닌 것이 없다. 우주 만물 그대로가 진실을 인간에게 말해 주고 있으며, 보여 주고 있다. 따라서 진실을 진실로서 받아들여야지 결코 분별과 망상을 가해서는 안 되는 법이다. 진실 그대로를 받아들이지 못하는 것은, 다시 말해서 부처님의 소리를 듣지 못하고 부처님의 모습을 볼 수 없는 것은 삿된 생각과 망상을 갖고 있기 때문이다. 이 망상과 삿된 생각을 없애는 것이 아주 중요하다. '보아도 보지 못하고 들어도 듣지 못한다'면 진실을 만나기란 불가능하다.

"버들은 푸르고 꽃은 붉다."나 도원 선사가 말한 "눈은 가로로 찢어졌고 코는 세로로 서 있다(眼橫鼻直)."는 아무런 인위도 가하지 않은 진실 그대로의 본래 모습을 나타내고 있다. 이것이 바로 법이자연(法爾自然 : 진리는 절로 그러하다)의 모습으로 '여여(如如)'라고도 하고 '여시(如是)'라고도 한다. 일체 만물은 진실 그 자체로서 분명히 역력하고(明歷歷), 그러면서도 숨김없이 드러나(露堂堂) 있다. 이 당당하고 분명히 드러나 있는 그대로의 진실상을 대도(大道)의 현현, 부처님의 소리, 부처님의 모습으로 받아들일 수 있도록 하기란 쉬운 일이 아니다. 때문에 끊임없는 수련과 정진이 필요한 것이다.

《천노금강경주川老金剛經註》

제10화

청녀이혼 (倩女離魂)

임제종의 법연(法演)이 어떤 스님에게 물었다.

"청녀(倩女)는 두 몸으로 나뉘고 혼이 떨어졌는데 한 청녀는 왕주(王宙)에게 시집가서 배(舟)안에 있는 청녀가 되고, 다른 한 사람은 병이 들어 방안에 있는 청녀가 되었는데 어느 쪽이 진짜 청녀인가."

청녀란 당나라 무렵의 괴기소설《이혼기(離魂記)》〈陳玄祐 撰〉에 나오는 이신동일(二身同一)의 여자이다. 이것을 '청녀이혼'이라고 한다. 당시 민간에서 왕왕 믿고 있던 혼과 육체, 생(生)과 사(死)의 세계를 예로들어 법연이 물어 그 뒤 화두가 된 것이다. 그 줄거리는 이렇다.

당의 측천무후 무렵 호남성에 두 처녀가 있었다.

큰 딸은 일찍이 병들어 죽었으나, 동생은 장성하여 대단한 미인이되었다. 동생에게는 어렸을 때부터 사랑하던 왕주 라고 하는 사람이 있었다. 두 사람은 본래 어렸을 때 양가 부모들이 농담 삼아 두 아이가 커서 부부가 되면 잘 어울리겠다고 한 말을 그대로 믿고 있었다.

그러나 두 사람이 커서 혼기에 들자 부모들은 그것을 잊고 청녀를 가문 좋은 다른 청년과 결혼시키려고 하였다. 이 말을 들은 왕주는 원망하며 배를 타고 가출하였다. 이윽고 밤이 되어 몹시 지친 왕주가 쉬고 있을 때 언덕 저쪽에서 누군가가 달려오는 발소리가 들려왔다. 정신을 차려 보니 어둠 속에 비친 것은 뜻밖에도 청녀였다.

"잘왔구나."

두 사람은 기뻐 울면서 서로 포옹하였다. 그 후 그들은 사천성까지 올라가서 부부로 지내게 되었다. 이윽고 5년의 세월이 흘렀다. 두 사람 사이에는 두 아들이 태어났다. 그러나 청녀는 아무런 즐거움을 느끼지 못했다.

"내가 당신과 함께 산 지 어언 5년, 집에서는 부모님이 얼마나 근심하고 있겠습니까? 밤중에 없어진 나를 대단히 근심하고 있을 것입니다. 자식을 낳고 어미가 되고 보니 더욱 절실해집니다. 꼭 한번 고향에 돌아가 보고 싶습니다."

왕주는 청녀의 소원을 받아들였다. 그리하여 두 사람은 고향에 돌아와 먼저 왕주가 처가로 가 청녀의 양친께 말하였다.

"아주 오랫동안 심려를 끼쳤습니다. 지금 청녀와 같이 돌아왔으니 부디 용서하여 주십시오."

그러자 부모는 이상한 얼굴로 말하였다.

"청녀라니, 어떤 청녀인가?"

"당신의 딸, 청녀말입니다."

"내 딸 청녀? 내 딸은 이미 5년 전부터 병으로 자리에 누워 있는데."

"그럴 리가 있겠습니까? 5년 전에 둘이 사천으로 도망하여 부부가되었습니다. 아들도 둘이나 낳아 모두 건강합니다. 지금 배(舟)에서기다리고 있습니다."

이상한 일도 다 있구나 생각한 장인이 사위 왕주와 함께 배에 가보니 과연 딸 청녀였다. 하도 이상하여 급히 집으로 돌아가 병실에들어간즉 같은 복장, 같은 얼굴, 같은 말소리의 청녀가 있는 것이 아닌가? 이 사실을 누워 있는 딸 청녀에게 이야기하니 청녀는 매우 기뻐하며 배 있는 곳으로 갔다. 그리고 배에 있던 두 사람의 청녀가 만났는가 싶더니 감쪽같이 한 사람이 되었다.

이것을 본 부친도, 사위 왕주도 모두 의아해 하였다.

"그렇다면 저 애의 혼이 나와서 자식까지 낳은 건가? 혹은 혼은 남아 있고 육체가 나갔는가?"

청녀 자신도 무슨 일인지 알 수가 없었다.

이 이야기를 선(禪)에서 다루고 있다는 것은 이 이야기가 그만큼 널리 퍼져 있었다는 것을 말한다. 두 사람의 청녀 중 어느 쪽이 진짜 청녀이고, 어느 쪽이 가짜 청녀인가.

여기서는 어느 쪽이 진짜 청녀이고, 어느 쪽이 가짜인가가 중요한 것이 아니고 본래 하나라고 한다면 한 쪽은 그림자, 다른 한 쪽은 본체라고 할 수 있다. 그림자 없는 본체가 있을 수 없고 본체엔 늘 그림자가 있게 마련이다. 본체라고 한다면 둘 다 본체이고 허깨비라고 한다면 둘 다 허깨비라는 것이 될 것이다.

몸과 마음은 같이 있는 듯하지만 따로 있는 것이다. 몸은 여기 있는데 마음은 먼 고향 집에 가 있다. 어찌 같이 있다고 할 수 있겠는가. 일심동체가 되었을 때 진정한 자유와 행복을 누릴 수 있다.

《무문관無門關》

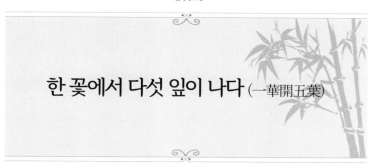

제11화

한 꽃에서 다섯 잎이 나다 (一華開五葉)

'한 꽃에서 다섯 잎이 나다'라는 말은 달마 대사가 2조 혜가 대사에게 준 불법전수게(佛法傳授揭) 속의 세 번째 구절이다.

吾本來茲土	내가 본래 이 땅에 온 것은
傳法救迷情	법을 전해 중생들을 구하려 함이네.
一華開五葉	한 꽃에서 다섯 잎이 나니
結果自然成	결과는 저절로 이루어지리.

이 게송은 《소실육문집(少室六門集)》 외에 《전등록》《육조단경》이나 달마 대사가 지은 《혈맥론》에도 나온다.

'한 꽃에서 다섯 잎이 나니 결과는 저절로 이루어지리'는 마음 바탕(心地)의 계발을 한 떨기 꽃에 비유한 것이다. 다섯 잎으로 열린 한

떨기 꽃이 마침내 열매를 맺듯이 사람도 나면서부터 갖추고 있는 참
되고 순수한 다섯 가지 지혜의 꽃을 계발한다면 불과(佛果 :깨달음)는
저절로 성취된다는 뜻이다. 다시 말하면, 자기를 깨우쳐서 본심·본
성을 계발하면 참나(眞我)로 다시 난다는 것이다.

다섯 가지 지혜는 다음과 같다.

① 대원경지(大圓鏡智) : 크고 둥근 거울처럼 거짓 없이 있는 그대
로의 모습을 비추는 원만하고 밝은 지혜를 말한다.

② 평등성지(平等性智) : 피차의 대립적 차별을 넘어서 모두가 함께
평등무차별이라고 관하는 지혜를 말한다.

③ 묘관찰지(妙觀察智) : 바르고 삿됨, 선과 악을 분별하는 뛰어난
관찰력을 지닌 지혜를 말한다.

④ 성소작지(成所作智) : 중생에게 이익과 즐거움을 주는 지혜를 말
한다.

⑤ 법계체성지(法界體性智) : 만물은 모두 불심이 나타난 것이라고
보는 지혜를 말한다.

이상의 다섯 잎인 오지(五智)를 합하면 아름다운 마음의 한 떨기 꽃
이 된다. 한 떨기 꽃이든 다섯 잎이든 모두 마음 바탕의 현현이며, 불
성이 현성(現成)한 것이다.

46

마음의 꽃을 계발하기 위해서는 망상과 사념을 없애 본래 순수하고 청정한 마음으로 돌아가야 한다. 망상이나 집착이 있으면 마음의 꽃은 피어나지 못하고 불과도 얻을 수 없다. 달마 대사는 《오성론(悟性論)》에서 이렇게 말한다.

"망상이 없을 때는 한마음이 바로 불국토이며, 망상이 있을 때는 한마음이 바로 지옥이다."

이처럼 망상이 있고 없고에 따라서 마음은 불국토가 되기도 하고 지옥이 되기도 한다. 망상을 없애 버리지 않는 마음의 꽃은 피어나지 않고 마음달(心月)도 드러나지 않는 법이다.

'한 꽃에서 다섯 잎이 난다'는 예로부터 달마 대사의 예언이 담겨 있는 구절이라고 한다. 즉 초조 달마 대사로부터 다섯 조사(혜가·승찬·도신·홍인·혜능)를 거쳐 선종의 가르침이 꽃핀 것을 말한다. 또 선종이 장차 오가(五家 ; 임제종전·조동종전·운문종전·위앙종전·법안종)로 분파되어 꽃핀 것을 말하기도 한다. 이 예언은 적중하여, 선종은 당말에 융성하여 오늘날까지 전해 내려오고 있다.

《소실육문집少室六門集》

제12화

평상심이 도다 (平常心是道)

어느 날 조주 선사가 스승인 남전보원(南泉普願) 선사에게 "도란 무엇입니까?"하고 물으니, 남전이 "평상심이 도다."라고 답한 데서 비롯된 말이다.

다음은 조주와 남전의 문답이다.

"평상심이 도라고 말씀하셨는데 어떻게 하면 그 도를 붙잡을 수 있습니까?"

"잡으려고 하는 마음이 있으면 잡을 수 없다."

"손에 넣을 수 없는 것이라면 그것이 '도'라는 것을 어떻게 압니까?"

"도는 생각으로 아는 것이 아니다. 그렇다고 해서 알지 못하는 것이라 할 수도 없다. 생각으로 아는 것이라 하면 그건 망상이 된다. 알지 못하는 것이라 하면 자각이 없는 것이다. 안다든가 알지 못한다든가 하는 분별을 없애면 바로 거기서 도가 나타난다. 그것은 마치 맑게 갠 하늘같아서 분별이 끼어들 여지가 전혀 없다."

이 말을 듣고 조주는 그 자리에서 대오했다고 한다.

'평상심'은 비일상적인 것이 아니라 언제 어디서나 갖고 있는 마음으로 하루 종일 뗄 수 없는 그런 마음이다. '평상심이 도'라는 말은 일상생활 속에서 늘 변함없는 마음 그대로가 도라는 것이다. '도'는 불도로서 인간이 지켜야 할 규범·법칙을 말한다. 도는 일상적인 것이기 때문에 일상생활 그 자체가 도의 모습이어야 한다. 이는 도를 떠나지 않고 도와 함께 생활하는 것이다.

맹자는 "도는 가까이 있는데도 이를 멀리서 찾는다."고 하였으며, 공자의 손자 자사(子思)도 "도는 잠깐 사이라도 떨어질 수 없는 것이니, 떨어져 있다면 도가 아니다."라고 하였다.

무문 선사는 '평상심이 도'라는 것에 대해 다음과 같은 시로 표현하고 있다.

春有白花秋有月   봄에는 꽃이 피고 가을에는 달이 뜨고
夏有凉風冬有雪   여름에는 서늘한 바람 불고 겨울에는 눈 내리네.

若無閑事掛心頭　쓸데없는 생각만 마음에 두지 않으면
便是人間好時節　이것이 바로 좋은 시절이라네.

이런 저런 일로 걸리는 것 없이 생활해 나간다면 춘하추동 항상 좋은 시절을 누리면서 한결같은 도의 생활을 해나갈 수 있게 된다는 뜻이다.

'쓸데없는 생각 마음에 두지 않는다'는 것은 맑게 갠 허공처럼 본래 청정한 심경을 나타낸 말이다. 이런 경지에 도달하지 못한다면 항상 좋은 시절을 누릴 수는 없을 것이다. 망상이나 분별심을 없앤 고차원의 심경이 되어야 비로소 평상심이라 할 수 있다.

이 평상심이란 바로 '그 자체' '있는 그대로'이다. 그러나 '그 자체' '있는 그대로'를 '도'라고는 하지만 여기에는 망상이나 분별심을 뛰어 넘는 것이 필요조건이다. 도를 구한다는 것은 엄정한 것이라서 '평상심의 도'가 되기는 쉬운 일이 아니다. 그러나 우리가 일상생활 속에서 늘 여유와 이해심 즉 늘상 그런 마음으로 세상을 살아간다면 운문 선사가 말한 '날마다 좋은 날(日日是好日)'은 못되더라도 그래도 좋은 날이 많지 않을까?

망상은 번뇌의 그림자일 뿐, 마음은 얼마나 맑고 고요한 것일까, 우리도 마음이란 게 있지만 깨달으신 분의 때 묻지 않은 마음의 세계는 과연 어떤 것일까?

봄이 오면 꽃이 피고 새들은 아름다운 목소리로 지저귄다. 망울 튼 버들가지는 싱그럽고 시냇물은 졸졸졸 소리를 내면서 흘러가고 농부는 밭을 갈고 아낙네들은 봄나물을 뜯고 있는 한 폭의 수채화 같은 이런 광경을 순수한 마음으로 바라볼 수 있어야 진정한 평상심이라고 할 수 있다. 물이 있으면 물을 보고 꽃이 있으면 꽃을 본다는 것. 이게 바로 공적영지(空寂靈知)로 이 자리가 본심(本心)의 자리인 참 마음인 것이다.

산에 올라가서 연초록색 나뭇잎들을 바라보고, 새들이 지저귀는 노랫소리를 듣고, 흘러가는 물을 보고, 티 없는 파란 하늘을 보면 마음 편하지만 집에 돌아와 일은 하지 않고 빈둥대는 남편 바라보면 마음이 확 상하면서 화가 치미는 것은 왜 그럴까? 순수하게 바라보지 못한데 연유가 있다. 이것은 좋고 저것은 나쁜 것, 바로 분별심이 발동했기 때문이다.

분별과 시비심을 넘어서 있는 것을 있는 그대로 볼 줄 아는 안목이 생기면 그 어떤 것도 차별하거나 분별하지 않고 여여한 마음으로 세상을 바라볼 수 있게 된다. 그것 하나만 되어도 보통 사람하고는 달라질 수 있고 여여하게 있는 그대로 보는 것이 선의 기본이라 하지만, 이것을 학문으로만 알고 실천하지 않으면 그냥 스쳐가는 바람과 다를 바 없다. 산에서 시냇물 흐르는 좋은 소리를 듣고 집에 오자마자 남편 본 순간 화가 난다면 아직 갈 길이 한참 먼 사람으로 여여할 수는 없겠지만 적어도 자신이 화가 났다거나 짜증 날 때, 상대방 허물을 보기 전에 내 허물을 먼저 보아야 한 발이라도 부처님 마음에 다가간 것이다.

《무문관無門關》

제13화

뜰 앞의 잣나무 (庭前柏樹子)

스님께서 상당하여 대중에게 말씀하셨다.

"이것은 너무도 분명하여 격을 벗어난 장부라도 여기를 벗어날 수는 없다.

노승이 위산(潙山)에 갔을 때 한 스님이 조주스님에게 '무엇이 조사가 서쪽에서 오신 뜻입니까?' 하고 묻자

조주스님은

'나에게 의자를 가져다주게' 하였다.

종사라면 모름지기 본분의 일로 납자를 지도해야 한다."

그때 한 스님이 물었다.

"무엇이 조사가 서쪽에서 오신 뜻입니까?"

"뜰 앞의 잣나무다."

"스님께서는 경계를 가지고 학인을 가르치지 마십시오."

"나는 경계를 가지고 학인을 가르치지 않는다."

"무엇이 조사가 서쪽에서 오신 뜻입니까?"

"뜰 앞의 잣나무다."

그리고는 스님께서 말씀하셨다.

"노승이 전에 마조(馬祖)대사 문하에서 80여 선지식을 친견하였는데, 모두가 솜씨 좋은 선지식들로서 가지와 넝쿨 위에 또 가지와 넝쿨을 만드는 지금 사람들과는 달랐다. 성인 가신 지가 오래되어 한 대(代) 한 대가 틀리게 나날이 다르다."

남전스님께서는 항상 말씀하시기를

"이류(異類) 가운데서 행(行)해야 한다고 하셨는데,

그대들은 이를 어떻게 이해하는가?"

"요즈음은 주둥이가 노란 어린 것들이 네거리에서 이러쿵저러쿵 법을 설하여 널리 밥을 얻어먹고 절을 받으려 하며, 3백 명이고 5백 명이고 대중을 모아놓고는 '나는 선지식이고 너희는 학인이다'라고 하는구나."

수행승이 질문한 '조사가 서쪽에서 온 뜻'에서 조사는 중국선의 창시자인 달마 대사를 가리키며, 서쪽은 인도가 중국의 서쪽에 위치해 있기 때문에 인도를 가리킨 말이다. 따라서 수행승이 물은 "무엇이 조사가 서쪽에서 온 뜻입니까?"는 바로 달마 대사가 인도에서 중국으로 건너온 뜻은 무엇인가라는 말로, 불교의 근본정신이나 선의 진수를 물을 때 쓰는 말이다.

요컨대 그 수행승은 달마가 무슨 생각을 갖고 멀리 인도에서 중국으로 건너왔는지를 조주에게 물은 것이다. 그런데 조주 화상은 질문의 내용과는 전혀 엉뚱하게 '뜰 앞의 잣나무'라고 대답한 것이다.

조주 화상이 거주하던 관음원 경내에는 커다란 잣나무가 있어서 백림사(栢林寺)라고도 불렀다. 그런데 때마침 수행승이 묻자 조주의 뇌리에는 번득 잣나무가 떠올랐다. 때문에 그대로 잣나무라고 대답한 것뿐이다. 잣나무가 아니라 소나무나 복숭아나무라도 상관없었을 것이다. '잣나무' 자체에는 어떤 의미도 없다. 단순히 잣나무에만 집착한다면 이 공안은 물론 선의 참뜻도 이해하지 못한다.

관산(關山) 국사는 조주 선사의 '뜰 앞의 잣나무'에 대해 "잣나무의 얘기에 도적의 낌새(賊機)가 있다."고 평했다. 이 말은 '뜰 앞의 잣나무'에는 도적과 같은 두려운 작용이 있다는 뜻이다. 즉 인간이 갖고 있는 망상이나 집착심을 남김없이 뺏고야 말겠다는 무서운 대 도적의 살아 있는 책략이 도사리고 있는 것이다.

관산 국사가 입적하고 나서 대략 300년 뒤인 명대(明代)의 고승 은원(隱元) 선사가 관산 국사가 머물던 묘심사에 들러 "개산 법어(開山法語 :한 파를 창시하면서 내리는 법어)가 있느냐?"고 물었다. 묘심사의 수좌가 없다고 대답하자 은원 선사는 "그렇다면 일파를 개산한 것이라 할 수 없다."고 힐난했다. 그러자 그 수좌(大疑 화상)는 스승 우당(愚堂) 국사와 상의하여 이렇게 말했다고 한다.

"개산할 때 법어는 없었지만 '뜰 앞의 잣나무 얘기에 도적의 낌새가 있다'고 한 한마디는 있습니다."

이 말을 들은 은원 선사는 어쩔 줄 몰라 두려워하면서 "이 한마디가 백천만의 어록보다 낫다."고 찬탄하고서 물러갔다고 한다.

'뜰 앞의 잣나무'는 문자나 언어적 설명으로는 이해할 수 없는 것이라서 실제로 참구(參究)하는 것 외에는 해결 방법이 없다.

'어떠한 것이 부처입니까?'라고 묻자 운문 선사는 '마른 똥막대기'라 했고 동산 선사는 '삼 세 근'이라고 했는데, 이 역시 잣나무와 마찬가지로 그 사물들 자체에는 별 의미가 있는 것이 아니다. 일체의 망상분별을 씻어 내고 '뜰 앞의 잣나무' 자체가 되어야 비로소 조주 선사의 참뜻은 물론 선의 정신을 이해할 수 있는 것이다.

《무문관無門關》

제14화

큰길은 장안으로 나 있다 (大道透長安)

조주 선사에게 한 수좌가 물었다.

"길(道)은 어디 있습니까?"

조주가 답했다.

"길은 울타리 밖에도 있다."

그러나 그 수좌는 울타리 밖에 나 있는 작은 길을 물은 것이 아니라 큰길(大道)을 물은 것이어서 다시 물었다.

그러자 조주는 다음과 같이 답했다.

"큰길은 장안으로 나 있다."

도에 대한 수좌의 질문에 조주는 '큰길은 장안으로 나 있다'고 답했는데, 조주 역시 그 수좌와 똑같은 질문을 스승 남전 선사에게 한 적이 있었다. 그때 남전은 '평상심이 도'라고 답했다. 조주는 질문하는 수좌의 마음속을 너무나 잘 알고 있기에 친절히 답한 것이다.

장안은 오늘날 중국 섬서성(陝西省) 서안(西安) 땅으로 역대 왕조의 도읍지였다. 기원전 800년경 주(周)나라 무왕이 이곳에 도읍해 호경(鎬京)이라 불렀으며, 만리장성을 쌓은 진시황도 이곳에 도읍하여 함양(咸陽)이라 이름 붙였다. 장안은 한(漢)나라의 고조(高祖)가 천하를 통일하고 나서 이곳에 도읍한 뒤 붙인 이름이다. 그 뒤 수(隨)·당(唐) 시대에도 번성하여 중국문화의 중심이 되었다. 특히 당 현종 시대에는 극도로 번성하여 도로나 운하가 모두 장안을 중심으로 사통팔달하고 있었다. 따라서 '큰길은 장안으로 나 있다'라는 말은 천하의 크고 작은 모든 길이 장안으로 뚫려 있다는 뜻이다.

왕양명은 장안에 대해 이렇게 읊고 있다.

사람마다 다니는 길 장안으로 나 있으리
평평하고 탄탄하니 곧바로 살펴보라.
장안으로 가는 길 지극히 분명한데
웬일인지 은둔자는 덧없이 가버리네.

이 시는 조주의 '큰길은 장안으로 나 있다'에 의한 것이다. 이 시를 보더라도 왕양명이 얼마나 선 수행자의 사상과 품격을 갖췄는지 알 수 있다.

수도 장안은 깨달음의 세계 즉 대안심의 경지를 가리키는 것으로 자기의 본래 모습인 '참나' '본성'을 비유한 것이다. 그 의도는 참된 자기를 밝혀내어 대안심을 얻는 데 있다. 즉 본래의 고향인 장안으로 돌아가서 '참나(眞我)'를 투철히 보는 것이다. 이른바 '근원으로 돌아감(搬本還源)'이라 할 수 있다.

'대도(大道)'는 불도를 가리킨다. 이 불도의 길이 도달하는 곳이 진리의 고향이자 깨달음의 세계인 수도 장안이다. 이 진리로 가는 길, 깨달음으로 가는 길은 여러 가지로 다르지만 목적지는 단 하나일 뿐이다. 불교는 각종 각파로 나뉘어져 그 교리도 달리하고 있지만 깨달음의 세계인 수도 장안을 목표로 수행을 쌓아 나간다는 점에선 마찬가지이다.

또 '대도는 장안으로 나 있다'는 어느 길이든 깨달음의 세계로 통하지 않는 길이 없다는 뜻이다.

참나를 발견하기 위해서는 고된 정진을 통해 깨달음의 세계인 수도 장안에 도달해야 한다. 조주 선사가 말한 '대도는 장안으로 나 있다'는 요컨대 본래의 자기를 각성시키기 위한 것이라 할 수 있다.

《조주록趙州錄》

제15화

걷는 것도 선 앉는 것도 선 (行亦禪 坐亦禪)

'행(行)'은 좁은 의미로는 걷는다는 뜻이지만, 넓은 의미에서 행동으로 해석하면 걷고 앉고 머물고 눕고 말하고 침묵하고 움직이고 고요히 있는(行住亦臥 語黙動靜) 일상생활 전체를 가리킨다.

걷고 앉고 머물고 눕는(行住亦臥) 것을 불교에서는 '사위의(斜威儀)'라고 하는데, 부처님과 조사(祖師)의 교훈이자 규범의 틀이 된 네 가지 기거동작이다.

'선(禪)'은 산스크리트어 드야나(dhy-āna)의 음역인 '선나(禪那)'를 줄인 말로 정(定)·정려(靜慮)·사유수(思惟修)라고 의역한다. '정'은 마음을 한곳에 주시하여 흐트러뜨리지 않는 것이다. 정려'는 정신을 통일하여 고요히 관조하는 것이며, '사유수'는 마음을 전일케 하여 사유하는 수행이다. '선'은 참선, 좌선을 줄인 말이라고도 하는데, 여기서는 마음을 한곳에 안주하여 고요하게 하는 것을 말한다.

좌선만이 '선'이 아니라 걷는 것도 앉는 것도 선이다. 다른 사람과 말하고 있을 때, 침묵하고 있을 때, 몸을 움직이고 있을 때, 휴식하고 있을 때 등 일상생활 전부가 선이 아닌 것이 없다. 행주좌와(行住坐臥)가 모두 선이기 때문에 몸과 마음이 함께 편안해진다. 이것이 이 구절의 의미이다.

송대의 고승 대혜 선사는 이렇게 말한다.

불법은 나날이 쓰는 곳에 있다.
걷고 앉고 머물고 눕는 곳에도 있고
차 마시고 밥 먹는 곳에도 있고
서로 말하고 묻는 곳에도 있고
행위하고 동작하는 데도 있다.

고려 시대의 고승 보조지눌(普照知訥) 국사는 《수심결(修心訣)》에서 "움직이든 고요하든 늘 선이다."라고 말한다. 이처럼 일상생활 그 자체에서 늘 선심(禪心)을 잃지 않는 것이 매우 중요하다.

선에서는 동정(動靜) 양면의 생활 전체를 선이라고 역설하는데, 수행상으로는 고요한 곳에서 공부하는 것보다는 오히려 활동하고 있는 속에서의 공부를 더 중시하고 있다. 앞에서 설명했듯이 백장 선사는 '하루 일하지 않으면 하루 먹지 않는다(一日不作一日不食)'고 하여 동적인 공부를 강조했다. '백장청규'에서 중점을 둔 것은 육체적 노동이다.

수행자는 그냥 가만히 앉아서 좌선坐禪만 하는 것이 아니다.

보통 사람들처럼 몸을 움직이는 노동을 함으로써 현실로부터 유리된 관념의 놀이에 빠지지 않도록 해야 한다는 것이다.

일을 할 때에는 늙은이라고 해서, 지위가 높은 사람이라고 해서 몸을 사리지 말고 모두가 공평하게 해야 한다.

백장 자신도 80세가 넘어서까지 막일을 했다.

제자들이 그런 스승을 걱정해 일하지 말고 쉬라고 여러 번 권했지만 막무가내였다.

궁리 끝에 제자들은 스승이 일할 때 사용하는 도구를 몰래 숨겼다.

그래서 백장은 일을 멈출 수밖에 없었다.

그러나 그 뒤로 3일 동안이나 앉은 채로 음식을 먹지 않았다.

제자들이 그 이유를 묻자 백장은 이렇게 대답했다.

"하루 일하지 않으면 하루 먹지 않는다
(일일부작일일불식一日不作一日不食)"

일을 하지 않는 사람은 먹지 말라는 말이 아니다.

일을 하는 것이 먹기 위해서가 아니라는 뜻이다.

일상생활 전체가 선이기 때문에 누구나 좋고 싫고를 막론하고 생활을 통해 언제 어디서나 선을 실천하고 있는 것이다. 우리는 의식하지 않아도 선이라는 환경 속에 뿌리를 내리고 생활하고 있다. 이 인식에 입각하여 보다 충실한 생활을 해나가야 한다.

《증도가|證道歌》

제16화

청산에 잠들어 꿈꾸다 (靑山眠夢)

청산을 마주하고 편히 자고 높이 눕는다(安眠高臥對靑山) 이 구절은 《오등회원》 외에 14자관(十四字關)에도 나오는데, '늙고 나른하여 일 없는 날에(老倒疏慵無事日)' 다음에 나오는 말이다. '늙고(老倒)'는 '노모전도(老耄顚倒)'를 줄인 말인데, 노(老)는 70세, 모(耄)는 80세 또는 90세를 말한다. 나이가 들어 정신이 흐리멍덩해진 모습을 가리키는 말로 '요도(潦倒)'라고도 한다. '나른하여(疏慵)'는 울적하고 나른한 상태로 '소라(疏懶)' 또는 '노라(老懶)'라고도 한다. '높이 눕는다(高臥)'는 세속을 떠나 초연히 은둔해 있는 모습이다. 나이가 들어 노쇠해지면 무엇을 해도 귀찮고 마음이 내키지 않는 상태가 된다. 그러나 여기서는, 뜬구름 같은 세상을 떠나 아무런 걱정 없이 가로누워, 산 경치나 바라보면서 하루하루 일 없이 편안한 여생을 보낸다는 의미이다. 이 두 구절은 뜬구름 같은 세상에 아무런 욕심이나 집착 없이 맑은 심경으로 자연과 융화되어 종일토록 산수를 벗삼아 유유자적하는 노후생활을 읊은 것이다. 이 시구에서는 욕심도 없이 담박한 무아무심의 경지와 맑고 고요한 경계가 느껴진다.

특히 '일 없다(無事)'라는 말은 주의를 요하는 선어이다. 일반적으로 '무사'는 평온하다' '일이 발생하지 않는다' '쓸모가 없다' '문제가 없다' 등으로 쓰이고 있으나, 선가에서는 훨씬 깊은 뜻을 함축하고 있다.《임제록》에서는 자기 밖에서 구하는 마음이 전혀 없는 경지를 '무사'라고 한다. 즉 어떤 집착도 없고 모든 번뇌망상을 완전히 불식한 무애자재한 무심의 경지를 나타낸 말로서, 임제는 이를 '본래 일이 없다(本來無事)'라고 표현한다. 요컨대 무사는 적정무위(寂靜無爲 ; 고요하여 함이 없다)의 경지로서 본래의 진실한 자기로 돌아간 마음의 평정상태를 가리킨다. 인간 본래의 모습에 투철하고 적정의 경지에 통달한 사람을 '일 없는 사람(無事人)' '귀한 사람(貴人)' '깨달은 자(佛)' 등으로 부른다. 따라서 앞의 두 시구는 깨달음의 경지에 든 노도인, 즉 무사인의 일상생활이라 하겠다.

늙는다는 말이 나오므로 여기 장수에 대해 한마디 덧붙여 놓는다.

가장 장수한 것으로는 중국 고대에 있었다고 전해지는 상록수 대춘(大椿)으로 일만육천 세를 살았다고 한다. 이하는 장수의 순서대로 나열한 것이다. 거북이가 일만 세, 명령(冥靈 ; 거북이의 일종 또는 나무 이름)이나 학이 일천 세, 팽조(彭祖)라는 사람이 800세이다. 사람으

로는 팽조가 가장 장수한 사람이다. 상수(上壽)가 120세, 중수(中壽)가
100세, 백수(白壽)가 99세, 미수(米壽)가 88세, 하수(下壽), 산수(傘壽)가
80세, 희수(喜壽)가 77세, 고희(古稀)가 70세, 환갑(還甲)이 61세이다. 장
수하는 것을 팽조수(彭祖壽)·춘수(椿壽)·수고(壽考)·구령(龜齡)·학수
(鶴壽)라고 말한다.

《오등회원五燈會元》

제17화

백 척 장대 끝에서 한걸음 더 나가라
(百尺竿頭進一步)

석상(石霜) 선사가 어느 날 장사(長沙)에게 이렇게 말하였다.

"백 척 높이 장대 끝에서 어떻게 하면 더 오를 수 있겠는가?"
장사 선사가 말했다.

"백 척의 장대 끝에 앉아 있는 사람이 설사 경지에 들었다고 할지라도 아직 참된 것은 아니다. 백 척의 장대 끝에서 반드시 한걸음 더 나아가 시방세계에 온몸을 나타내야 한다."

'백 척의 장대 끝'은 더 이상 오를 수 없는 최고의 극점을 가리킨다. 선문에서는 수행의 결과로 도달한 깨달음의 경지를 나타내고 있다. 이 경지는 일체의 상대적 차별을 단절한 '고봉정상(孤峰頂上 :외딴 봉

우리의 꼭대기)'의 경지이다. '고봉정상'의 깨달음의 경지에 이르기 위해서는 소위 목숨을 아끼지 않는 수행을 쌓아야 한다.

그러나 그런 경지를 얻었다 해도 그 경지에 안주하면 결국 집착하게 되기 때문에 참된 해탈이라고 할 수 없다. 그래서 장사 선사는 '백 척의 장대 끝에 앉은 사람이 설사 경지에 들었다고 말할지라도 아직 참되지는 못하다'고 경계하고 있다.

또 장사는 '백 척의 장대 끝에서 반드시 한걸음 더 나아가 시방세계에 온몸을 나타내야 한다'라고 하여 설사 깨달음에 든 사람이라도 온몸과 마음을 다 바쳐 한 발짝 더 나아가야만 비로소 참 해탈인이 된다고 가르치고 있다.

백 척의 장대 끝은 또 다르게 생각하면 불도를 구하는 소위 '상구보리(上求菩提)'를 말한다. 보리는 부처님의 정각으로 깨달음이다. 이 깨달음이 그 자리에 머물지 않고 세상의 이익을 위해 아래로 전환해야 한다. 이것이 '한걸음 나가는' 것이며, 소위 '하화중생(下化衆生)'하는 것이다. 이처럼 위를 향한 데서 다시 아래를 향해 전환해 나가야 한다.

옛사람은 '산을 오르는 길이 곧 산을 내려오는 길'이라고 말하였다. 향상문(向上門)은 자기를 깨우치고 자기를 이롭게 하는 수행이고, 향하문(向下門)은 남을 깨우치고 남을 이롭게 하는 수행이다. 자기를 깨우치는 수행과 남을 깨우치는 수행이 원만하게 되어야 비로소 부

처가 된다. 단순히 자기를 깨우치는 수행에만 머문다면 참된 각자라
고는 할 수 없는 것이다.

'한걸음 더 나가는 것'이야말로 '백 척의 장대 끝'을 살리는 것이기
때문에 백 척의 장대 끝에서는 '한걸음 더 나가는 것'이 필수조건이
되어야 한다.

《무문관無門關》

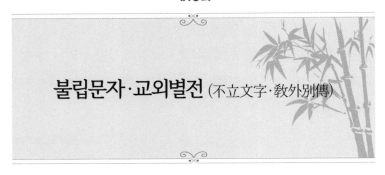

제18화

불립문자·교외별전 (不立文字·敎外別傳)

  선종의 특색과 그 가르침을 적절히 표현하는 말로 '불립문자(不立文字)' '교외별전(敎外別傳)' '직지인심(直指人心)' '견성성불(見性成佛)'이라는 말이 있다. 이 4개의 언구는 달마 대사가 주창했다고 말하지만, 실제로는 당송(唐宋) 시대 때 나온 것을 달마 대사의 말로 이야기하는 경우가 많다.

  선문에서의 '불립문자'는 '문자를 세우지 않는다'는 뜻이지 언어나 문자가 필요 없다는 뜻은 아니다. 즉 부처님의 가르침이나 부처의 마음은 단순히 언어나 문자에만 의거하는 것이 아니라, '마음에서 마음으로' 전해진다는 뜻이다. 이는 초조(初祖) 달마 대사와 자신의 팔을 끊어 법을 구한 2조(二祖) 혜가 대사 사이의 법을 전수하는 과정에서도 볼 수 있으며, 특히 6조 혜능 대사의 남종선(南宗禪)에서 강조되고 있다. 자세히 거슬러 올라가 살펴보면 석가모니 부처님과 가섭존자 사이에서 이루어진 '염화미소(拈華微笑)'가 '이심전심(以心傳心)'의 발단이며, '불립문자' '교외별전' 역시 '염화미소'에서 유래한다.

문자를 써서 나타내는 것이나 언어에 의한 표현들은 모두 한계가 있다. 때문에 언어나 문자로는 충분히 만족스러운 표현이 될 수 없다. 언어나 문자는 단순히 수단이나 방법일 뿐이지 사물 표현의 최선의 방법은 아니다. 불심(佛心)이나 불성(佛性)을 언어나 문자로 파악하거나 설명하기란 불가능하다. 불심이나 불성은 문자나 언어 같은 설명의 수단을 단절한, 그런 것들이 도저히 미치지 못하는 절대의 세계이다. 이를 '언어도단(言語道斷)'이라고 한다.

불심은 마음으로 직접 파악해야 이해할 수 있는 것이지, 그렇지 않으면 불가능하다. 바로 이것이 불립문자이며, 이심전심이다. 문자나 언어가 미치지 않는 행적(行的) 체험이 필요하다. 문자나 언어라 해도 체험에 의해 증명된 문자이고 언어여야 한다. 이런 언어에는 생명이 있고 박력이 있고 진리가 번뜩인다.

부처님 생존 당시 재가신자로서 불교의 심오한 뜻에 통달한 유마의 침묵을 사람들은 '우레와 같은 침묵'이라고 말한다. 이 침묵은 말이 없는 것이 아니라 우레와 같은 대음향을 내는 침묵이다. 유마 거사는 이런 침묵이야말로 말없는 웅변이며 진실 자체임을 갈파한 것이다. 이것이 바로 묵묵히 마음으로 통하는 이심전심(以心傳心)의 세계이다.

당나라 때의 고승 황벽은 《전심법요(傳心法要)》에서 이렇게 말하고 있다.

"도를 배우는 사람은 그 즉시 무심으로 묵묵히 계합할 뿐이다."

문자나 언어는 마음으로 가는 길잡이 구실을 할 뿐 마음 자체를 표현하거나 진실 자체를 표현하지는 못한다. 이 문자·언어를 단절한 '불립문자'의 세계가 있다는 것을 깊이 인식할 필요가 있다.

'교외별전(敎外別傳 : 교리 즉 경전 외에 별도로 전해진 것, 진리를 가리킨다)' 이 말은 앞의 '불립문자'와 같이 연결되어 선의 근본 특색을 간단명료하게 드러내고 있다. '교외별전' 역시 선의 참뜻이 경전이나 문자에 있는 것이 아니라, 경전에서 제시하고 있는 불심을 직접 파악하는 데 있음을 나타낸 말이다. 즉 석가모니 부처님이 설한 가르침에 의거하기보다는 곧바로 가르침의 근본인 마음을 파악한다는 것이다.

'교외별전'은 '이심전심'이라고 할 수 있는데, 이심전심이란 스승과 제자가 경전이나 문자에 의거하지 않고 서로 직접 맞대서 마음으로부터 마음으로 불법을 전수한다는 뜻이다. 앞에서 서술했듯이 선문의 조사들은 '염화미소'의 고사에 기초해서 언어나 문자에 기대지 않고 직접 부처님의 마음이나 불법의 참뜻을 전수했던 것이다.

왕양명이 지은 '무제(無題)'라는 시에 이런 구절이 나온다.

"같이 와서 나에게 안심법을 물길래, 마음을 가져오면 편케 해주겠다고 답했네."

이 시는 왕양명이 앞에서 서술한 달마의 안심법(安心法)을 인용한 것이다. 왕양명은 달마처럼 선적인 방법을 이용하여 진리를 체득케 하고 있다. 송나라 때의 대유학자 정명도(程明道)를 비롯해 왕양명·육상산(陸象山)의 학풍은 교외별전·불립문자·이심전심의 선적 성격을 띠고 있다.

교외별전·이심전심이라고 하지만, 전해 받는 이가 전하는 이와 똑같은 심경이 되지 않으면 그 마음을 받아들일 수 없는 법이다. 따라서 완전한 수용자세를 갖춰 일촉즉발(一觸卽發) 상태가 되는 것이 중요하다. 그 상태가 되어야 비로소 전하는 자의 마음이 그대로 자연스럽게 전해지는 것이다. 전하는 자와 전함을 받는 자의 이 같은 관계를 '줄탁동시(啐啄同時)'의 기미(機)라고 한다.

험난하고 평탄함은 맘에 걸림 없다 하니,
뜬구름이 허공 가듯 그와 아니 흡사한가,
고요한 밤 바다 물결 삼만리에 뻗쳤는데,
달은 밝아 날던 석장 바람결에 떨어지네,

왕양명

《전심법요傳心法要》

73

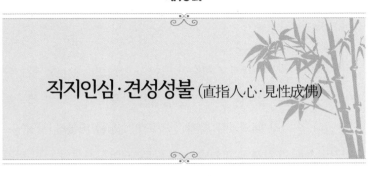

제19화

직지인심·견성성불 (直指人心·見性成佛)

　'직지인심'은 '곧바로 사람 마음을 가리킨다'는 뜻이다. 문자나 언어를 빌리거나 외적 대상에서 찾는 것이 아니라 자기 안의 마음을 잘 응시해서 직접 단번에 마음의 근원을 파악하는 것이다. 즉, 마음 깊숙이 내재하는 순수한 본심, 순수한 본성에 투철하는 것이다. 이것이 바로 '자기를 구명하는' 것이며, '자기에 투철하는' 것이다. 이처럼 자기의 본마음을 직접 파악하는 것을 '직지인심'이라 말한다.

　직지의 대상은 자기 밖이 아니라 자기 속에 존재한다. 때문에 밖에서 구하지 않고 안에서 구해야 한다. 마음 밖에서 찾는다면 외적 대상에 사로잡히게 되고, 그 결과 망상과 미혹된 마음이 일어나 마음의 본성을 이해하지 못하게 된다. 그래서 혜능 대사나 임제 선사 등 여러 조사들은 '밖을 향해 구하지 말라(莫覓外求)'고 경계한 것이다.

　"중생은 본래 부처이다. 마치 물과 얼음의 관계와 같다. 물을 떠난

얼음이 없듯이 중생 밖에 따로 부처는 없다. 바로 중생에게서 부처를 구해야지 멀리 찾아서는 안 된다."

이 말은 마음 밖이 아니라 마음 안에서 곧바로 본심·본성에 투철해야 한다고 설하는 것이다.

사회가 복잡해짐에 따라 현대만큼 고뇌와 불안이 가중되는 시대는 없다. 인간상실·인간소외·인간경시 등으로 표현되듯이, 현대인은 자기를 잊고 인간성과 주체성을 상실하기 때문에 인간존중의 관념이 없다고 한다. 이러한 병리현상은 마음도 몸도 늘 외부 대상에 휘둘리고 있기 때문에 일어나는 것이다. 따라서 밖을 향해 휘둘리는 자기를 깊이 안으로 반성하여 본래의 모습으로 회복하는 것이 중요하다. 이렇게 할 때 자기를 안정시켜 본심(本心)대로 생활할 수 있게 된다. 고대 그리스의 철인 소크라테스는 아폴로 신전에 걸린 격언 '너 자신을 알라'를 평생의 지침으로 삼아 늘 자신을 주시하고 탐구하면서 살았다.

'견성성불(見性成佛)'은 '성품을 봐 부처를 이룬다'는 뜻으로 여기서 설명하고 있는 '불립문자' '교외별전' '직지인심' '견성성불'은 각기 독립된 것이 아니라 상호 연관되어 있는 언구이다. 그리고 이 네 구절은 떼려야 뗄 수 없는 관계를 맺고 있다. 즉 불립문자·교외별전·직지인심 해야 '견성성불'할 수 있는 것이다.

앞의 세 구절은 모두 견성성불하기 위한 필수불가결의 조건이며,

꼭 실천해야 하는 선 수행의 단계이다. 이를 무시하고서는 선의 근본 뜻을 이해할 수 없으며, 선 수행의 적격자라고도 할 수 없다. 마치 공중에다 '견성성불'이라는 누각을 쌓는 것이나 다름없다.

'견성'의 '성(性)'은 본심·본성을 말한다. 마음의 본질, 마음의 주체, 마음의 실체로서 소위 '마음속의 마음' '마음의 마음'인 것이다.

선문에서는 불심·불성·자성(自性) 또는 '본래의 면목'이라고 하는데, 달마 대사가 말한 '마음'도 단순한 마음이 아니라 본심·본성을 가리키는 것이다.

여기서 말하는 마음은 보통 일반적으로 말하는 마음과는 어느 정도 다른 것이다. 보통 말하는 마음은 마음의 본질이나 본체의 뜻으로 쓰이지는 않는다. '견성'은 마음의 본질로서의 자기 본심·자기 본성·자기 불성을 투철히 보는 것이다. 따라서 '견성은 불성이다'라고 한다. 이때의 '견성(見性)'은 '성품을 보는 것'이 아니라 견성 그대로 마음이자 본성이자 불성인 것이다. 6조 혜능 대사가 말한 '견성'은 바로 달마 대사가 말한 '마음'이다. 봄(見)이 곧 마음이요, 봄(見)이 곧 성품이라고 할 수 있다.

'성불'은 중생이 수행을 통해 미혹이나 망상을 없애고 진리를 깨달아 부처가 되는 것이다. 선문에서는 '단박에 깨달아 부처를 이룬다(頓悟成佛)'고 하여 단계적 수행을 거치지 않고 곧바로 깨달아 정각(正覺)을 성취한다고 설하고 있다.

'성불'이라고 하면 어떤 사람은 '몸에서 빛을 발하고 있는 모습'을 생각하는 사람이 있는데, 선문에서 말하는 '성불'은 그러한 뜻이 아니다. '불(佛)'이란 말은 산스크리트어로는 붓다(Buddha)이며, 한역으로는 깨달은 사람이란 뜻이다. '각(覺)'은 자기를 주시하는 것이며, 자각하는 것이며, 깨닫는 것이다. 자기 스스로 발심(發心)하여 깨달은 것이 아니면 의미가 없다. '부처'를 현대적으로 말한다면 순수하고 진실한 인간이다. 따라서 '성불'은, 쉽게 표현하면 '깨달음으로 순수한 인간을 이룬다'이다.

'견성성불'은 자각하여 부처님이 되는 것, 다시 말해서 순수하고 진실한 인간이 되는 것이다. 본래의 인간성으로 돌아가는 것이며, 인간의 원점에 자리 잡는 것이다. 인간은 존귀한 절대적 가치를 지닌 인격적 존재이기 때문에 남을 해치거나 자기를 등한시해서는 안 된다.

《전심법요傳心法要》

제20화

물을 뜨니 달이 손바닥 안에 있고,
꽃을 희롱하니 향기가 옷에 가득하다
(掬水月存手 弄花香衣滿)

이 말은 신선과 괴이한 일에 관심을 가졌던 중국 동진(東晉) 때의 간보(干寶)가 지은 '춘산(春山)'이란 시의 한 구절인데, 남송 때의 허당 선사 어록인 《허당록》과 《선림구집》에도 나온다.

두 손으로 물을 뜨면 달그림자가 손바닥 안에 분명히 머물고, 꽃을 희롱하면서 놀면 좋은 꽃향기가 옷에 깊이 배어든다는 의미이다. 달이 손바닥 안에 머물고 꽃향기가 옷에 배어든다는 것은 자기가 물이나 꽃 자체와 하나 되는 것이다. 이를 주관과 객관, 나와 사물이 일체가 된다고 해서 '심경일여(心境一如)' '물아일회(物我一會)'라고 한다. 자기와 타자, 마음과 사물이 별개로 존재하면서 대립하고 있을 때는 진실성을 파악할 수 없다. 따라서 상대적인 관념을 없애 한 물건이 되는 것이 아주 중요하다. 책 읽을 때는 책 자체에 투철하고, 일할 때는 일 자체에 투철하고, 경기할 때는 경기 자체에 투철해야 한다. 이처럼 일사불란하게 하나가 되면 대립관념이 없어지면서 새로운 심경이 전개되는 것이다. 만약 삼매의 경지에 들지 못한다면 불성을 체득해 본래의 자기를 발견하는 일은 불가능하다.

어떤 사람이 주염계에게 창가의 풀을 베지 않는 이유를 물었더니, 주염계는 "내 의사와 같으니까."라고 답했다. 이는 주염계의 깨달은 경지로서 객관적 대상과 하나 된 '심경일여' '물아일체'의 세계를 나타낸 것이다. 장자가 꿈에 나비가 되서 마음껏 희희낙락하며 공중을 날아다니다가 자기가 장자임을 잊어버렸다는 것도 그가 나비 자체와 하나 된 일여(一如)의 세계에 있기 때문이다. 소위 선에서 말하는 '무'에 투철하고, '무'와 하나가 된 것이다. 이처럼 마음을 집중하여 잡념이 끼지 않도록 하는 공부가 중요한데, 선에서는 이를 '수일무적(守一無適 :하나를 지켜 평등하다)이라고 한다.

이 선어는 천지간의 사물 모두가 불심·불성의 현현이므로 언제 어디서나 존재하고 있음을 말하고 있다. 물을 뜨는 거기에 불심이 나타나고 꽃을 희롱하는 거기에 불도가 현현하는 것이다. 이 선어의 앞 구절은 "진여의 달은 어디서나 빛난다."이고, 뒤 구절은 "실상은 꽃이 언제나 향기를 뿜고 있다."이다.

진리는 언제 어디서나 자기 주변에 드러나 있기 때문에 이를 간과
하지 않도록 해야 하며, 진리가 깃들어 있는 사물 자체가 돼서 외물
(外物)에 마음을 빼앗기지 않는 것이 중요하다.

《오등회원五燈會元》

마음이 곧 부처

어느 날 범상이 마조 선사에게 물었다.
"무엇이 부처입니까?"
마조 선사가 대답했다.
"마음이 곧 부처지."
어느 날 한 학인이 마조 선사에게 물었다.
"무엇이 부처입니까?"
마조 선사가 대답했다.
"마음도 아니고 부처도 아니다."

제1화

없다 (無)

중국 당(唐)나라 때의 유명한 선승 조주(趙州) 선사는 120세를 살다가 세상을 떠났다. 그는 사람들이 '입술에서 빛이 나온다'고 말할 정도로 그때그때 중생들에게 맞는 설법으로 사람들을 계몽했다고 한다. 특히 조주 선사는 덕산(德山)이나 임제(臨濟) 선사처럼 '방망이(棒)'나 '할(喝)'을 쓰지 않고 선문답으로만 수행자들을 교화했기 때문에, 사람들은 그의 선풍을 '구순피선(口脣皮禪)'이라고 불렀다.

어느 날 한 수행승이 조주 선사에게 물었다.

"개에게도 불성(佛性)이 있습니까?"

이에 조주는 '없다' 즉 무(無) 라고 대답했다.

물론 그 수행승은 '일체 중생은 모두 불성이 있다'고 한 부처님의

82

말씀을 떠올리고서 질문한 것이다. 그 수행승은 만일 조주가 '개에겐 불성이 없다'고 하면 부처님의 설법은 거짓말이 될 것이고, '있다(有)'고 대답하면 불성이 있는데 왜 인간이 아닌 개가 되었느냐고 따지려고 미리 생각하고 질문한 것이다. 그런데 조주는 뜻밖에도 '없다'라고 대답했고 같은 질문에 다른 수행승에게는 정반대로 '있다'고 대답했다.

그러면 왜 조주는 동일한 질문에 대해 '없다(無)'고 대답하기도 하고 또 '있다(有)'고 대답하기도 하는가? 왜 정반대의 모순된 대답을 내놓는가? 누구나 이런 의심을 할 수 있을 것이다.

조주의 입장에서는 '있다'고 대답하든 '없다'고 대답하든 하등에 차이가 없다. 조주가 말한 유(有)나 무(無)는 흔히 상식적인 의미에서 말하는 '있다' '없다'는 의미가 아니다.

보통 말하는 유나 무는 상대적인 것이며 상식적인 의미를 띠고 있다. 조주의 유·무는 그러한 상식적이며 상대적인 유·무를 초월한 보다 고차원의 것이다. 조주의 유·무는 상대적 관념을 초월한 절대적인 '무(無)'를 가리킨다. 상대적 유·무의 관념에 집착하면 번뇌와 미혹이 생겨 마음의 안정을 이룰 수 없다. 그래서 조주는 "조금이라도 유·무에 걸려 있다면 신명(身命)을 잃고 만다."고 했다. 이 말은 분별심과 집착심이 일어나면 본래면목(本來面目: 존재의 근원적인 참모습)을 잃게 되어 불성을 깨닫지 못한다고 경계한 말이다.

그 후 조주 선사의 무(無)자 화두는 참선하는 수행승들에게 주어지는 최초의 공안(公案, 話頭 : 풀어야 할 문제)이 되었으며, 뚫어야 할 선문의 관건이 되었다. 이 '무'자 공안을 통해 분별지와 망상을 제거해서 병의 뿌리를 끊어 내는 것이다. 온몸과 온 마음으로 '무'자 공안과 대결하여 주관과 객관이 모두 사라진 '무'자에 투철해지는 것이다. 요컨대 무아(無我)·무심(無心)의 경지가 '무'자의 경지이며, 마음의 자유와 평안은 바로 이 경지에서 얻어진다.

이 '무'는 선의 가르침을 가장 단적으로 표현하고 있기 때문에 선을 대표하는 말이라 해도 좋다. 갖가지 선어(禪語)들도 이 '무'의 의미를 염두에 두고 읽어 간다면 더 잘 이해할 수 있을 것이다.

《무문관無門關》

제2화

침묵 (沈默)

《유마경》에는 '유마의 일묵(一黙)'이라는 구절이 있는데, 이는《벽암록》제84칙의 공안으로도 나온다.

석가모니 부처님과 동시대인으로 불교의 오묘한 뜻에 통달한 유마(維摩)거사가 불이법문(不二法門 : 상대적 관념을 단절한 유일절대의 경지로 깨달아 들어가는 법문)에 들어가기 위해서는 어떻게 해야 좋은지에 대해 문수보살을 비롯한 31명의 보살들에게 반문했다.

이에 대해 31명의 보살들은 모두 언설로 자기가 알고 있는 불이법문을 설했다. 특히 '지혜제일'이라고 하는 문수보살은 모든 관념과 언설이 끊어진 무언 무설 무시 무식(無言無說無示無識 : 말할 것도 없고, 설할 것도 없고, 보일 것도, 알 것도 없는 법문)으로 불이법문에 들어간다고 설했는데, 이 역시 언어에 의한 설명에 불과한 것이었다.

그러자 31명의 보살들은 유마 거사에게 '어떻게 불이법문에 들어가야 하는 것인지'에 대하여 설명해 줄 것을 요청했다. 그런데 시간이 한참 흘러도 유마 거사는 '침묵'으로 일관할 뿐 아무런 말도 없었다. 이것이 그 유명한 '유마의 침묵'이었던 것이다. 그 순간 문수보살은 이것이야말로 바로 불이법문에 들어가는 것을 보여준 것이라고 찬탄했다. '유마의 침묵'은 바로 이 고사에서 유래하는 것이며, 선문에서는 예로부터 공안으로 쓰고 있다.

침묵은 일반적으로 '말하지 않는다'는 의미인데 언어에 의지하지 말 것(不立文字)을 주장하는 선문에서는 언어로는 표현할 수 없는 언어 밖의 경지를 이러한 침묵을 통해 남김없이 설파해야 한다. 이 침묵이야말로 유일절대의 진리를 가장 잘 표현하고 있기 때문에 이 이상의 참된 설법은 없다.

6조 혜능(六祖 慧能)의 법을 이은 영가현각(永嘉玄覺)은 깨달음을 얻고 나서 지은 《증도가(證道歌)》(깨달음의 노래)라는 책에서 "침묵할 때 설하는 것이요, 설할 때 침묵하는 것이다(黙時說 說時黙)."라고 말하고 있다. 이는 침묵이 가장 진실한 표현임을 말하는 것이다.

달마 대사(536년 입적)에게 불법(佛法)을 청해 들은 양무제(梁武帝)가 부대사(傅大士, 497~569)에게 《금강경》 설법을 청하자, 부대사는 법좌에 올라가 한마디도 하지 않고 그냥 내려왔다고 한다. (벽암록 67칙) 이 역시 침묵으로 《금강경》 강의를 마친 것이다.

그런데 이렇게 침묵(沈黙)으로서 깨달음의 세계를 보여 주는 것은 무슨 의미인가. 사실 '깨달음의 세계' 또는 자기가 깨달은 세계를 언어나 문자로써 100% 표현한다는 것은 어려운 일이다. 예컨대 우리가 '사과'라는 과일의 맛을 표현한다고 할 때 언어나 문자로써 어느 정도까지 표현할 수 있겠는가. '약간 달고 새콤하고 시원한 맛'. 그것이 사과의 맛을 100% 그대로 전해 주지는 못한다. 그 사과 맛을 알려면 자기 스스로가 사과를 직접 먹어 봐야 한다.

이처럼 불이법문이라든가 깨달음의 세계를 언어나 문자로써는 표현할 수 없음을 '침묵'을 통해 말하고 있다고 하겠다.

때문에 '침묵'은 불이법문을 가장 잘 설파한 것이며, 이 침묵을 통해 무한절대의 경지를 표현하고 있는 것이다. 이것을 '우레와 같은 침묵'이라고 말한다. 이때의 침묵은 말이 없는 것이 아니라 우레와 같은 굉음의 진실한 소리인 것이다. 이 침묵은 소리 없는 소리요, '한 손바닥의 소리'다. 또 이 침묵 속에는 절대의 진리가 약동하고 있다. 침묵은 유마를 말하고 있고, 유마는 침묵을 보였다. 침묵을 떠난 유마는 존재하지 않는다. 침묵과 유마는 둘이 아닌 하나다.

유마의 '침묵'은 말하는 것과 말하지 않는 것의 대립을 넘어선 침묵임을 잊지 말아야 한다.

말이 많은 사람치고 진실한 사람 없다. 말을 잘하는 사람은 많이 하는 게 아니고 잘 들어주고 필요한 말만 한다.

《유마경維摩經》

제3화

망상하지 말라 (莫妄想)

《전등록》이나 《오등회원》을 보면 마조도일(馬祖道一) 선사의 문하인 분주무업(汾州無業) 선사의 이야기가 나온다.

임제종 영원사(永源寺)를 개산(開山)한 적실원광(寂室元光) 선사는 무업에 대해 항상 이렇게 말했다.

"무업의 일생은 망상하지 않는 것이었다."

무업 선사는 평생토록 누가 진리에 대하여 물어 오면 "망상하지 말라."고 대답했다.

'망상'은 '허망한 생각' '멋대로의 생각' 바르지 못한 생각'으로 공상(空想)과 같은 뜻이다. 현 상태를 과대하게 상상하여 믿어 버리는 '과대망상'도 망상과 통한다. 망상은 현실로부터 유리된 몽환의 상태를 말한다.

인간은 매일매일 망상의 생활을 되풀이하면서, 그 망상에 사로잡혀 몸도 마음도 고통을 당하고 있다. 사실 선에서는 '부처다' '진리다' '깨달았다' '도를 얻었다' 등도 하나의 망상으로 여긴다. 집착하는 마음이 있다면 그것이 바로 망상이다. 망상 때문에 본래 순수하고 청정한 본심이 오염되고 은폐된다. 어느 옛사람이 "내 마음을 만약 거울에 비춰 본다면, 필시 추한 모습이리라."라고 읊었듯이 망상에 물든 추악한 마음의 초상은 차마 볼 수 없으리라고 생각된다.

'망상하지 말라(莫妄想)'에 대해 다음과 같은 일화가 전해 온다.

송나라 때의 선승 무학조원(無學祖元)이 당시 정권을 잡고 있던 시종(時宗)에게 "번뇌를 일으키지 말라(莫煩惱)."는 한마디를 주면서 격려했다. 그 뒤 시종이 미증유의 국난을 극복하고 나라를 안정시켰는데 이는 '막번뇌'에 투철했기 때문이라고 할 수 있다. 막번뇌는 막망상과 동의어로서 공자가 말한 "생각에 삿됨이 없다(思無邪)."와도 비슷하다. 옛사람도 "망상이 없을 때는 마음이 바로 불국토다."라고 했듯이 집착심을 없애면 나날이 좋은 날(日日是好日)이 될 것이다.

불교에서는 '번뇌가 곧 깨달음'이라 하여 사념과 망상을 제거하는 그것이 바로 깨달음의 세계라고 한다. 이 말은 명나라의 유학자 왕양명(王陽明)이 말한 "욕심을 버리면 곧 천리(天理)를 간직한다."와 서로 통한다. 바보가 되는 것, 즉 대우(大愚 ; 크게 어리석음) ·대졸(大拙 ; 크게 못났음)에 투철하기란 쉽지 않은 일이다. 바보의 세계는 사념 ·망상이 없는 세계이다. 무업 선사가 평생 입에 달고 다녔던 '망상하지 말라'는 우리의 생활에서도 '좌우명'으로 삼을 만한 것이다.

예를 들면 아내에게는 무슨 계획을 말을 하지 못한다. 듣는 순간부터 근심 걱정이 쌓여 그 일에 집착하여 다른 일에 방해가 된다. 일어나지도 않은 일을 걱정하고 망상으로 온 신경이 그 일에 매달려 있다. 하지 않아도 될 고민을 하는 것이 망상이다.

《전등록傳燈錄》

제4화

삼 세 근 (麻三斤)

사람을 죽이기도 하고 살리기도 하는 칼이 있다. 이는 예로부터 있어 온 전통으로 오늘날에도 매우 중요한 방법이다. 이런 방법을 아는 사람은 죽여도 상처 하나 내지 않고 살려도 죽은 사람이나 마찬가지가 되게 한다. 그러므로 '절대 진리는 일천의 성인도 전하지 못하는 것인데 이것을 배우려는 사람은 원숭이가 달그림자를 건지려는 것처럼 헛수고만 한다'고 하는 것이다.

운문 선사의 제자인 한 수행승이 동산수초(洞山守初)를 찾아가 이렇게 물었다.

"어떠한 것이 부처입니까?"

"삼 세 근이니라."

똑같은 질문에 운문 선사는 '마른 똥막대기'라고 답했고 동산 선사는 '삼 세 근'이라고 대답했던 것이다.

그런데 '무엇이 부처입니까?'라는 물음에 '마른 똥막대기'든 '삼 세 근'이든 사실 언어나 표현의 차이일 뿐 깨달음의 세계에는 아무런 차이가 없는 것이다. 흔히 불교에서 말하는 것처럼 우리가 생활하고 있는 것 그 자체가 모두 부처이고 진리라고 한다면, '마른 똥막대기'니 '삼 세 근'이니 하는 것도 오히려 번잡한 것이 아닐까?

동산이 살던 강서성(江西省) 양주(襄州) 땅은 옷감 짜는 삼의 생산지로 유명하다. 때문에 동산은 '삼 세 근'의 무게를 가지고 말한 것인데 하필 '삼 세 근'이라고 대답한 이유는 때마침 동산 선사가 '삼'의 무게를 달고 있을 때 수좌가 와서 "무엇이 부처입니까?"하고 물었기 때문에 망설임 없이 그대로 '삼 세 근'이라고 대답한 것이다. '어떠한 것이 부처입니까?'라는 질문의 대답으로 '삼 세 근'이라 한 것은 상식적으로 이해가 되지 않는다. 이는 마치 어떤 것이 부처냐는 질문에 '마른 똥막대기'라고 대답하는 것과 마찬가지이다. 불심은 어떤 것에도 깃들여 있기 때문에 동산은 '삼 세 근'이라 하고 운문은 '마른 똥막대기'라 한 것인데, 그 표현이야 어떻든 그것은 별로 상관할 게 없는 것이다. 질문은 똑같아도 늘 다른 대답이 나올 수 있는 법이다. 선은 상식을 깨고 논리를 초월한다. 자유롭고 걸림 없이 임기응변해 나가야 한다.

　동산은 '삼 세 근'에 의해 일체의 망상분별을 끊고 단지 '삼 세 근' 자체로 있는 것이다. 따라서 '삼 세 근'은 동산의 깨달음의 경지이며, 불심 자체이다. '삼 세 근'자체에 투철함으로써 동산의 심경을 맛볼 수 있으며, 부처님의 경지에 이를 수 있다. '삼 세 근'이든 '마른 똥막대기'든 중요한 것은 일체를 내버리고 무심 자체에 몰입하는 것이다.

　부처님은 불교를 탄생시킨 교주이시다. 부처님이 아니었다면 불교도 선(禪)도 깨달음도 세상에는 나오지 않았을 것이다. 여기서 '부처님은 누구인가'라는 질문은 '무엇이 부처인가'라는 질문과 상통한다는 것이다. 그 질문에 '삼 세 근'이니 '마른 똥 막대기'니 하는 대답은 모든 것이 부처라는 의미이다. 모든 것이 부처이므로 이 대답은 아무런 의미가 없는 것이다.

　'있는 그대로가 부처'이고 '있는 그대로가 선'인 것이다.

《벽암록碧巖錄》

제5화

마른 똥막대기 (乾屎橛)

임제 스님께서 대중에서 법을 설하시기를,

"유일무위진인(有一無位眞人)하니, 한 위가 없는—지위(地位)! 지위가 없는, 계급이 없는—지위가 없는 참사람이 여기에 있으니, 상종여등제인(常從汝等諸人) 면문출입(面門出入)하되, 항상 너희들 여러 사람의 면문(面門)으로조차 출입을 해" 들랑거린다.

면문(面門)이라 하는 게, 너희들 눈(眼)·귀(耳)·코(鼻)·입(舌) 이게 면문(面門)이거든. 너희들 얼굴 면문으로부터 그 무위진인이 나왔다 들어갔다 한다.

그러니 이 무위진인(無位眞人)을 확실히 증거(證據)치 못한 자는, 확실히 깨닫지 못한 사람은 간간(看看)하라.

여러 대중 낱낱이 무위진인이 있는데, 그 무위진인이 어디로 드나드냐 하면은 각자의 얼굴 문으로부터 면문(面門)으로부터 드나든다.

그렇게 설법을 하시니까, 그때 한 승(僧)이 나와서 묻기를 "여하시 무위진인(如何是無位眞人)잇꼬? 어떤 것이 무위진인입니까?"하고 그 임제 스님한테 질문을 했다.

임제 스님께서 법상에서 내려와 가지고, 그 질문한 스님의 멱사리를 거머쥐고서 "도도(道道)하라. 일러라" 그러니까.

그 스님이 머뭇머뭇 하니 냅다 갖다가 멱사리를 놓으면서 밑으로 처내버리면서 이르기를 "무위진인(無位眞人)이 시심마(是甚麼)오? 무위진인이 이 무엇이냐?" 그렇게 되물으시고서 "간시궐(乾屎厥)이니라. 마른 똥막대기니라"

이 마른 똥막대기, 이것도 하나의 공안으로 정전백수자(庭前栢樹子)나, 무자(無字)나, 부모미생전(父母未生前) 본래면목(本來面目)과 마찬가지로, 선원에서는 지금도 화두로 쓰이고 있다.

한 수행승이 운문 선사에게 이렇게 물었다.

"무엇이 부처입니까?"

"마른 똥막대기이니라."

마른 똥막대기가 부처다……. 이것은 부처님에 대한 이만저만한 모욕이 아니다. 그런데 잘 알다시피 운문 선사에게는 '매일매일이 좋은 날(日日是好日)' '담 밑의 꽃(花樂欄)'과 같은 유명한 화두가 있다. '

마른 똥막대기’ 역시 임제 선사의 ‘무위진인(無位眞人)이라니, 이 무슨 진짜 해탈한 사람을 가리키는데,《장자》에 나오는 말이다.

그 수행승이 물은 ‘부처’란 모습이나 형태가 있는 부처님이 아니다. 부처란 일체 만유에 보편적으로 존재하면서 변화하는 모습 즉 진리를 나타내고 있다. 따라서 어떤 것이든 부처의 마음이 깃들지 않은 것은 없다. 이를 ’어느 것에나 불성은 있다(一切衆生 悉有佛性)’고 말한다.

‘부처’는 존귀하고 청정한 것으로 광명을 발하는 금색의 모습을 하고 있다. 그러나 부처는 인간과 동떨어진 청정한 것만이 아니라 길바닥이나 초목 · 돌 등의 깨끗하지 못한 것에도 깃들어 있다. 따라서 무엇이든 가치 있고 존귀한 것으로 받아들여야 한다.

운문 선사가 대답한 ‘마른 똥막대기’는 ‘똥을 없앤 마른 막대기’ 또는 ‘마른 똥이 붙은 막대기’라고도 하며, 또 ‘똥이 말라 막대기처럼 된 것’이라고도 한다.

옛날 산간벽지의 농가에서는 종이를 사용치 않고 대나무나 나무 막대기 또는 짚으로 밑을 닦았다. 그러나 마른 똥이 붙어 있는 막대기로 밑을 닦는다면 누구라도 망설일 것이다. 종이가 부족하던 옛날, 운문이 살던 지방에서는 막대기로 밑을 닦는 습관이 있었던 것 같다. 그 때문에 ‘마른 똥막대기’라는 말이 나왔지 않았나 생각한다.

운문이 하필 모든 사람이 꺼리는 '마른 똥막대기' 같은 더러운 것으로 '부처란 무엇인가'에 답한 것은 좀 우스운 일이다. 그러나 풀이나 나무·기왓장에 이르기까지 어느 것에나 불성을 갖추고 있으므로 무엇을 취해, 어떻게 표현하든 상관없는 일이다. 단지 운문이 더러운 것을 취해 답한 것에 불과하다. 철저하게 대오(大悟)하면 일체 만물 그대로가 부처님의 모습으로 나타난다. 요컨대 무심의 경지에 이르면 젖은 똥막대기든 마른 똥막대기든 모두가 그대로 부처님으로 받아들여지는 것이다.

운문의 '마른 똥막대기' 화두를 타파하면 깨끗함과 더러움의 대립 관념을 벗어나, 마른 똥막대기 그대로가 부처님의 광명임을 발견할 수 있을 것이다. 바로 이러한 것을 운문이 그 수좌에게 가르쳤다고 생각한다. '마른 똥막대기' 화두에 투철할 때 비로소 운문 선사의 깨달음의 세계를 이해할 수 있으리라.

《무문관無門關》

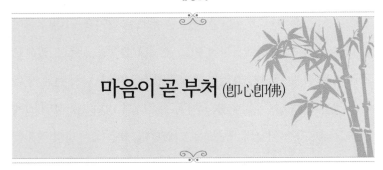

제6화

마음이 곧 부처 (卽心卽佛)

'즉심즉불'은 '마음이 곧 부처'라는 뜻으로 즉심시불(卽心是佛)·시심즉불(是心卽佛) 또는 심즉시불(心卽是佛)이라고도 한다. 즉심즉불의 어원을 살펴보면, 석가모니 부처님이 설한 정토교(淨土敎)의 근본성전 《관무량수경(觀無量壽經)》 속에 즉심즉불이라는 말이 쓰여지고 있다. 이것이 즉심즉불의 가장 오래된 용례인데, 중국에서는 양나라 보지(寶誌) 선사가 지은 《대승찬(大乘讚)》에 즉심즉불의 구절이 실려 있다. 또 같은 양나라의 부대사(傅大士)가 지은 《심왕명(心王銘)》에는 "마음이 곧 부처요 부처가 곧 마음이다. 이 마음이 바로 부처요 부처가 바로 이 마음이다(卽心卽佛 卽佛卽心 是心是佛 是佛是心)."가 나온다. 시대를 내려와 당나라의 고승 마조(馬祖) 선사는 항상 즉심즉불을 설하고 있다. 마조 선사 이후로는 황벽희운(黃蘗希運)도 이 말을 사용하고 있다. 즉심즉불은 마조 선사가 처음 지어낸 것처럼 얘기하지만 사실은 그렇지 않다.

어느 날 법상(法常)이 스승인 마조 선사에게 질문했다.

"무엇이 부처입니까?"

"마음이 곧 부처다(卽心卽佛)."

법상은 이 한마디가 떨어지자마자 그 자리에서 대오(大悟)했다.

그때부터 법상은 대매산(大梅山)에 숨어 살면서 평생토록 이 즉심즉불의 경지를 즐기면서 세상에 나오지 않았다.

얼마 후 마조는 한 수좌(首座 : 선방에서 참선하는 스님을 가리키는 말)를 대매산에 보내 법상을 시험했다.

"당신은 이곳에서 어떤 선을 수행하십니까?"

법상은 "즉심즉불!"이라고 대답했다. 그러자 수좌는 다시 말했다.

"마조 선사께서는 전에는 마음이 곧 부처라고 하셨지만 지금은 마음도 부처도 아니라고 하십니다(非心非佛)."

이 말을 듣고 법상이 말했다.

"선사께서 비록 마음도 부처도 아니라고 해도 나는 마음이 곧 부처이다(卽心卽佛)."

이 소식을 전해 들은 마조는 "매실이 이미 익었구나."라고 하여, 법상이 참사람이 된 것을 진정으로 기뻐했다. 법상이 평소 매실이 많은 대매산에 살았기 때문에 '매실이 익었다'고 하여 법상의 깊은 경지를 칭찬한 것이다. 이처럼 법상은 남이 뭐라고 하든 미혹되지 않고

'즉심즉불' 한마디에 투철했던 것이다. 법상과 같이 일관되고 확고한 신념을 기르는 것도 수행하는 데는 아주 중요하다.

그런데 여기서 말하고 있는 '부처'란 법당에 모셔져 있는 부처님(佛像)을 말하는 것이 아니라 진리의 대명사로서 '네 마음속에' 또는 '네 마음 그 자체가 진리이며, 동시에 그 마음이 진리임을 깨달아야 함'을 강조하고 있다.

즉심즉불의 '즉심(卽心)'은 '마음 그 자체'를 말한다. 마음이라는 것을 부분적이 아니라 전체적으로 파악하는 '마음 그대로'인 것이다. 따라서 '즉심즉불'은 '마음 자체가 부처'라는 뜻이다. 다시 말해서 미혹도 오염도 없는 순수한 마음 그대로가 부처인 것이다. 현재 갖고 있는 마음을 자각해 그 마음에 투철하는 것이다.

즉심즉불은 즉심시불을 강하게 표현한 말이다. 그것은 바로 '적멸(寂滅)이 눈앞에 나타나기 때문에 지금 이곳이 부처의 나라(蓮華國)요, 바로 이 몸이 부처이다'라는 말과 같은 것이다.

그러나 이처럼 마음 자체가 정토요 부처님이기 위해서는 미혹과 망상을 없애 티끌 하나 없는 맑은 거울 같은 순수한 마음이 되어야만 한다. 따라서 '즉(卽)'이라는 것을 '있는 그대로' 또는 '그 자체'라고 말하지만, 이를 위해서는 고통스러운 수행이 필요한 것이다. 선은 차고 뜨거운 것을 스스로 알듯이 직접 수행을 통해 깨달아야 한다. 선의 생명은 바로 그 실천 수행에 있다 하겠다.

《무문관無門關》

제7화

청세는 외롭고 가난하다 (淸稅孤貧)

조산(曹山) 선사에게 청세(淸稅)라는 승려가 물었다.

"청세는 외롭고 가난합니다. 청하오니, 스승이여. 구해 주십시오."

조산이 다음과 같이 대답했다.

"청세 아사리여(청세 스승이여)!"

청세는 갑자기 스승이라고 불리는 바람에 엉겁결에 기분이 좋아 "예."하고 대답해 버렸다. 그러자 조산이 다시 다음과 같이 말했다.

"청원백가(靑原百家)의 술 세 잔을 마시고도 아직 입술도 적시지 못하였다."

여기에 마음 갖는 방법이 실로 단적으로 표현되어 있다.

석두·약산 계통의 조산본적(曹山本迹)은 조동종의 시조이고 당말의 선승이다. 이 조산에게 청세라는 승려가 "나는 고독하고 궁핍합니다. 아무쪼록 구제하여 주십시오."라고 말하였다. 그래서 조산이 시험 삼아 "청세 아사리여!"라고 불러 보았던 것이다.

'아사리(阿闍梨)'라는 것은 이미 제자들을 교화시킬 수 있는 신분에 오른 사람에 대한 경칭이다. 청세는 갑자기 생기에 차서 "예." 하고 무심결에 대답했다.

이것을 들은 조산은 이렇게 말하였다.

"너는 내가 아사리라고 불렀을 때 '예' 하고 대답하지 않았는가.

그렇게 만족한 기분으로 대답할 정도라면 가난한 것이 아니라 마음속에 부귀가 가득 차 있을 뿐더러 조금도 고독한 것이 아니지 않느냐. 그대가 말하고 있는 것은 마치 청원의 백씨 집에서 만든 천하 명주를 세 잔이나 마시고도 아직도 못 마셨다고 하는 것과 꼭 같지 않느냐." 조산은 이렇게 말하고 비웃었다.

청세의 고독과 빈곤은 가장 가난했던 후한의 범단(范丹)과 비유하고, 청세가 조산에게 말했을 때의 기분을 항우에 비유하고 있다. 조산과 청세의 문답은 맨주먹의 싸움이었다.

일반적인 사고로 물질적으로 풍부한 사람들에게 복이 많은 사람이라고 한다. 세속적 가치란 부를 구하는 것인데 부를 축적하더라도 정당하게 쌓아야 한다. 많이 모으는 것도 중요하지만 깨끗하게 모으는 것이 중요하다는 말이다.

한산자(寒山子)는 이런 시를 써서 수행자를 부끄럽게 했다.

神貧未是貧　몸이 가난한 것은 가난이 아니네

神貧始神貧　정신이 가난한 것이 정말 가난한 것이네.

身貧能守道　몸이 가난해도 능히 도를 지나친다면

名爲貧道人　그를 가리켜 가난한 도인이라 하리.

수행자들은 저 사람은 부자라는 말을 가장 두려워했다. 서산대사가 그랬다.

서산대사가 산으로 돌아가면서 남긴 <자조自嘲>라는 시에는 무엇을 부끄러워해야 하는지 잘 나타나 있다.

大抵人生年齒貴　대저 인생은 나이가 귀한 것이 아니다

如今方悔昔時行　이제야 지난 행동이 후회되도다.

何當手注通淺海　하늘에 닿은 바닷물을 어떻게 쏟아야

一洗山僧判事名　산승에게 씌워진 판사 이름을 씻어 낼까.

영운지근(靈雲志勤) 선사는 자신의 가난한 살림에 대해 시를 쓴 적이 있다.

이토록 수행자는 부에 큰 부담을 가졌다.

去年貧未是貧　지난해의 가난은 가난이 아니었네
今年貧始是貧　올해의 가난이 처음 가난이네.
去年貧無卓錐之地　지난해는 송곳 꽂을 땅도 없었으나
今年貧錐也無　올해의 가난은 꽂을 송곳마저 없네.

이렇듯 수행자들은 부(富)를 축적하는 것을 큰 장애물로 여겼다.

《무문관無門關》

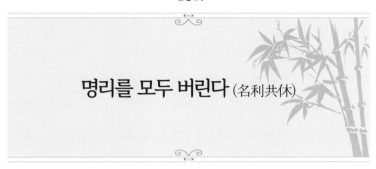

제8화

명리를 모두 버린다 (名利共休)

'명리'는 명문이양(名聞利樣)을 줄인 말이다. 명문(名聞)은 명예가 세상에 널리 퍼지는 것이고, 이양(利養)은 재물을 탐해 자기 욕심을 채우는 것이다.

명예와 재물을 추구하는 욕망은 인간이라면 누구나 갖고 있다. 명리 때문에 고통을 받고 싸우기도 하고, 그 명리의 노예가 되기도 하고 급기야 자신을 망치기도 한다. 명예욕(권력을 누리고 싶은 마음)과 재물욕(부를 축적하고픈 마음)은 식욕(끊임없이 먹고 싶은 마음) · 성욕(이성을 탐하고 싶은 마음) · 수면욕(편안하게 눕고 싶은 마음)과 함께 오욕(五欲) 중에 들어간다. 불교에서는 빛깔(色) · 소리(聲) · 맛(味) · 냄새(香) · 접촉(觸)의 다섯 가지에 대한 욕망을 오욕(五欲)이라고 한다. 이 다섯 가지 대상은 번뇌를 일으키는 근원이며, 수행하는데 방해만 될 뿐 아무런 이득이 없고 먼지처럼 사람 마음을 오염시키기 때문에 '오진(五

塵)'이라고도 한다.

'명리공휴(名利公休)'의 '휴'는 '그친다'의 뜻으로 '놓아 버린다' '내
버린다'의 의미를 함축하고 있다. 인간이 끊임없이 구해 마지않는
명리에 대한 욕망을 모두 버리는 것을 '명리공휴'라고 한다.

이 명리에 집착하는 마음은 수행에 크게 장애가 되기 때문에 선문
에서는 이를 끊어 버리는 것이 매우 중요하다고 말하고 있다. 그래서
소근(紹瑾) 선사는 "명예와 이익 모두를 가까이하지 말라,"고 하였으
며, 송나라 때 정선(淨善) 선사는 "마음에 명예와 재물에 대한 욕심이
싹트게 하지 말라."고 강조한 것이다.

임제 선사도 "일 없이 쉬거라." 하였는데, 이 쉬는(休歇) 것이 바로
일체의 사고와 관념을 놓아 버리는 것이다. 또는 대안심(大安心)의 경
지에 머무는 것을 쉰다고 말한다. 명리에 집착하는 마음뿐만 아니라
그 밖의 모든 집착분별심도 끊어 버리는 다시 말해서 일체를 쉬어
버리는 것이다. 일체의 망념을 놓아 버리면 미혹의 구름이 개면서 밝
디 밝은 마음 달(心月)이 눈앞에 나타나게 된다.

장자는 절대의 경지를 얻은 "참인간인 지인은 자기가 없고(至人無
己) 공덕이 없고 명예가 없다(無功無名)."고 하였다. 이 지인(至人)이야
말로 모든 집착과 망념을 없앤, 즉 일체를 놓아 버린 대자유의 인간
이라 할 수 있다.

"어린 새를 병 속에 넣었는데, 이제 어미 새가 되었다. 병을 깨지도 말고 새를 죽이지도 말고 새를 꺼내 보라!"

방법이 있을까? 문제를 풀려고 하면 할수록, 우리는 병 속에 갇힌 듯한 느낌이 들 것이다. 이 문제를 일생을 걸고, 풀려고 하면 어떻게 될까? 어느 날 머리가 맑갛게 되는 날이 올 것이다. '아, 이거였구나!' 하늘을 향해 크게 웃음을 터뜨리게 될 것이다. '대자유인(大自由人)'이 되어. 이 병 속의 화두는 논리적으로는 풀 수 없다. 논리를 벗어나야 한다. 논리를 잊고 무심히 이 세상을 바라보면, 우리는 느끼게 될 것이다.

병 속에 갇혀 있는 자신을. 병 속에 갇혀 있으면서도, 자신을 돌아보지 않으면 전혀 갇혀 있다는 생각이 들지 않는다. 자신을 자신 밖에서 보는 경험을 해야 한다.

헤르만 헤세의 〈데미안〉

《벽암록碧巖錄》

제9화

구지 선사가 손가락을 세우다 (俱胝竪指)

중국 당나라 때의 선승 구지(俱胝) 화상의 스승인 천룡(天龍) 화상은 제자에게 늘 한 손가락을 세워서 설법했기 때문에 '천룡의 한 손가락 선(天龍一指頭禪)'으로 널리 알려져 있다.

구지선사라는 이름은 손가락이 아홉이라 붙인 이름이 아니고 "나무칠구지불모대준제보살" 독송을 많이 하여 이름이 "구지"로 불리게 된 것이다. 구지스님을 선객들이 찾아와 불법을 물으면, 손가락 하나를 쑥 내밀었다. 그래서 "구지일지", 혹은 "구지일지선"이라고도 한다.

"나무칠구지불모대준제보살"은 칠억 부처의 어머니 "대준제보살"이라는 뜻으로 관세음보살을 말한다.

관음보살은 원래 부처님이셨는데, 우리들 때문에 보살로 화신하였다하며, 모든 부처님의 어머니가 되신다고 한다.

구지 선사 역시 스승이 되고부터는 평생 누가 법을 물으면 말없이 손가락 하나만을 세워서 선을 가르쳤다고 한다. 그래서 '구지일지(俱胝一指)', 또는 '구지일지선(俱胝一指禪)'이라는 이름이 붙게 되었다.

그런데 구지 화상과 함께 살던 동자승이 구지를 흉내 내 사람들이 법을 물으러 오면 얼른 손가락 하나를 세워 보였다. 이 소문을 들은 구지 선사는 동자승을 불러 "어떤 것이 부처인가."라고 물었다 그러자 역시 동자는 얼른 손가락을 세워 보였다. 순간 구지 선사는 칼로 그 손가락을 잘라 버렸다. 동자승이 고통스러워 울면서 도망가는 것을 다시 불러 세운 구지 선사는 그에게 다시 손가락을 세우게 했다. 그러자 동자승은 손가락이 없어졌다는 것을 잊은 채 손가락을 세우려고 하였다. 바로 그때 동자승은 홀연히 깨달았다고 한다.

구지 선사가 손가락 하나를 세운 것은 손가락에 의미가 있는 것이 아니라 그 손가락을 세운 데에 선의 진수가 표현되어 있는 것이다. 그것은 바로 유명한 고승들이 설법할 때 주장자를 세우는 것이나 털이개(拂子)를 세우는 것과 같은 것이다. 손가락이나 주장자ㆍ털이개 등의 형태에 집착하지 말고, 내적ㆍ정신적인 면을 보아야 한다. 한 손가락에만 집착하고 있다면 구지 선사나 천룡 선사의 깊은 심경은 헤아릴 수 없을 것이다.

'구지일지'의 화두는 "하나가 곧 일체 모든 것이요, 일체 모든 것이 곧 하나다(一卽一切 一切卽日).”라는 이치를 한 손가락에서 깨닫는 것이 핵심이다. 장자가 말한 “천지가 한 손가락이요, 만물이 하나의 말이다(天地一指 萬物一馬).”와 마찬가지라고 하겠다.

손가락으로 손가락이 아님을 깨우쳐주는 것은(喩), 손가락이 아닌 것으로 손가락이 아님을 깨우쳐주는 것만 못하다. 말로(以馬) 말이 아님을 깨우쳐주는 것은(喩馬之非馬), 말이 아닌 것으로 말이 아님을 깨우쳐주는 것만 못하다. 천지가 한 손가락이고, 만물이 한 마리 말이다(一馬也).

고차원의 세계에서는 ‘하나(一)’가 그대로 일체이며 작은 것이 그대로 큰 것이기 때문에, 천지처럼 큰 것도 한 손가락과 마찬가지이며 만물의 많음도 말 한 마리와 다를 것이 없다. 천지가 한 손가락이며 만물이 한 마리 말인 절대 ‘하나의 세계는 대립이 없는 무심 · 무아의 경지이다.

구지 선사의 한 손가락은 단순히 한손가락이 아니라 대립과 분별을 없앤 절대의 세계를 표현하고 있는 것이다.

《무문관無門關》

제10화

모든 것은 하나로 돌아간다
(萬法歸一)

"만법(모든 것은)은 하나로 돌아간다(萬法歸一)."

이 말은 조주 선사와 한 수좌 사이의 문답 속에서 나온다.

한 수좌가 조주 선사에게 물었다.

"만법은 하나로 돌아가는데, 하나는 어디로 돌아갑니까(萬法歸一, 一歸何處)?"

조주가 대답했다.

"내가 청주(靑州)에 있을 때 한 벌의 옷을 지었는데 그 무게가 일곱 근이었다네."

'만법'은 차별적인 삼라만상을 말하며, '하나'는 불교에서 말하는 진여(眞如) · 법성(法性) · 실상(實相) · 일심(一心), 또는 선문에서 말하는 자성(自性)·주인공(主人公)·본래면목(本來面目)으로 절대적인 본체를 나타내고 있다.

천차만별의 현상은 우주의 절대적 본체로부터 파생한 것이기 때문에 결국 유일절대의 본체로 돌아가기 마련이다. 만법이 '하나'인 절대적 존재로 돌아간다면 그 절대로서의 '하나'는 다시 현상인 만법으로 돌아간다. 그 수좌는 차별현상이 절대적 존재로 돌아가는 것이라면 그 절대의 '하나'는 어디로 돌아갈까 하는 의문을 품고 있었기 때문에 그렇게 물은 것이다.

"만법은 하나로 돌아간다고 들었는데 그렇다면 그 하나는 어디로 돌아갑니까?"

이 질문에 대해 조주 선사는 엉뚱하게 '옷 한 벌을 지었는데 그 무게가 일곱 근'이라는 대답을 하고 있다. 그러나 조주의 이 말이야말로 그 수좌에게 주는 간절한 해답이다. 조주의 해답은 옷을 새롭게 만들었든, 그 옷의 무게를 달아보았든, 또는 차를 마시고 밥을 먹든, 물 긷고 장작을 나르든, 일체의 모든 동작이 절대의 '하나'로 돌아가지 않는 것이 없다. 다시 말해서 '하나'는 현상인 만법 위에 나타난다는 뜻이다.

만약 조주가 '무게가 일곱 근 나가는 옷'이라는 대답 대신 '그 하나는 다시 만법으로 돌아간다'는 상식적인 대답을 했다면 그것은 상대에게 말려들게 되므로 완전한 모습을 보여 준 것이 못된다. 이처럼 상식을 벗어나 묻는 이의 폐부를 찌르는 데서 선 수행자로서의 조주의 면목이 있다.

선문에서의 문답은 이처럼 상식을 초월한 데서 해답 아닌 해답을 보여 준다. 상식으로는 판단할 수 없는 언어도단의 해답이다. 일상적이며 상대적인 인식을 초월한 절대적 인식에서 선의 경지는 체득되는 것이다. 조주는 이 절대의 심경에 서 있는 것이다.

대립을 단절한 절대로서의 '하나'를 도교에서는 '무(無)'나 '도(道)'로 표현하며, 성리학에서는 '이(理)'로 표현하고 있다. 특히 성리학의 시조 주염계(周濂溪)는 '무극이면서 태극(無極而太極)'으로, 왕양명(王陽明)은 '양지(良知)'로써 각각 절대성을 표현하고 있다.

현상인 만법과 실체인 '하나'의 관계는 송대의 정이천(程伊川)이 말한 '이일분수(理一分殊 : 이치는 하나이면서 나뉜다)'와 비슷하다. 즉 정이천은 절대적 존재인 '이(理)'는 유일하면서도, 현상적으로는 갖가지 차별상이 존재한다고 말한다. 이 절대적 존재(理)와 현상(氣)은 같은 것도 분리된 것도 아닌 부즉불리(不卽不離)의 관계를 유지하고 있다. 또 이것은 절대의 '하나'와 현상인 만법이 서로 관련을 갖고 있는 상즉적(相卽的)인 관계에 있는 것이다. 즉 만법이 그대로 '하나'이며, '하나'가 곧 만법이다. 또 '하나가 곧 일체고 일체가 곧 하나(一卽一切一切

卽一)'이며, '만법이 곧 한마음이며 한마음이 곧 만법'이며, '평등이 곧 차별이요 차별이 곧 평등'인 것이다.

만법이 절대인 '하나'로 돌아간다 해도, 그 '하나'로부터 만사에 순응하고 만사에 작용해야 한다. 조주는 바로 이 점을 구체적으로 해명한 것이니, 우리는 조주 선사의 말에서 상대적 인식을 버리고 절대적 인식에 서 있는 그의 경지를 시대의 차이와 시간의 차이를 초월하여 느낄 수가 있을 것이다.

〈頌〉 編辟曾挨老古錐　치밀한 물음으로 노승을 몰아 붙였으나
　　 七斤衫重幾人知　뉘라서 일곱 근 삼베옷의 무게를 알까.
　　 如今抛擲西湖裏　구차한 짐들은 서호에 내던져 버렸으니
　　 下載淸風付與誰　맑고 시원한 바람 받아갈 이 누구인가.

《벽암록碧巖錄》

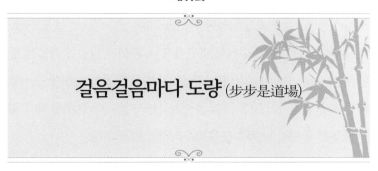

제11화

걸음걸음마다 도량 (步步是道場)

'걸음걸음'은 일상 속에서 행동하는 일거수 일투족을 말한다. 따라서 걸음걸음마다 도량이라는 것은 우리의 행동 하나하나가 모두 불도의 수행이며 수도하는 장소라는 뜻이다. 우리는 수행을 한걸음 한걸음 쌓아 나감으로써 마침내 목적하는 깨달음의 절대경지에 도달할 수 있다.

한걸음 한걸음을 막연히 걷는 것이 아니라, 어떤 목적을 갖고 그 목적을 향해 확실히 걸어 나가야 한다. 인간의 행동에는 목적이 있기 마련이다. 한걸음 한걸음 앞으로 나가노라면 목표로 하고 있는 깨달음에 이르게 되는 것이다. 따라서 그 한걸음 한걸음, 동작 하나하나가 도량이어야 한다.

가부좌를 틀고 앉아 참선수행을 하는 수좌들은 한 시간마다 포행으로 다리를 풀어준다. 그 시간에도 화두는 놓치지 말아야 한다. 바로 일심동체(一心同體)가 되어야 하는 것이다.

결제가 끝나고 해제철에도 마찬가지다. 해제가 되면 수좌들은 만행(萬行만 가지 선한 행위)을 떠난다. 한 철 화두를 들고 탐구했던 수행의 결과를 점검하고 다음 결제를 준비하는 만행이다. 만행할 때도 역시 화두는 놓치지 말아야 진정한 수좌라고 할 것이다.

'인생은 가치 생산의 과정'이라고 한다. 인간은 늘 진(眞 :학문) · 선(善 :윤리) · 미(美 :예술) · 성(聖 :종교) · 이(利 :경제) · 애(愛 :사회) 역(力 :정치) 등의 가치를 계속 생산해 내고 있으며, 이를 위해 정진하고 있다. 이들 가치 중에서 가장 고차원의 가치는 성(聖)인 종교적 가치이다.

인간은 앞에서 열거한 제 가치를 통합하는 최고의 궁극적 가치인 종교적 가치를 추구해야 한다. 우리는 지향해야 할 지고의 가치를 자각하지 못하고 단순히 낮은 가치를 추구하는 데 머물고 있다. 수행하는 사람이 아니더라도 모든 인간은 종교적 가치를 찾아 안심입명을 얻을 수 있어야 한다.

선 수행자는 한걸음 한걸음 목적하는 깨달음의 경지로 끊임없이 전진해야 한다. 그 한걸음 한걸음이 깨달음(본래의 자기각성)을 향한 도량이며, 동작 하나하나가 진리탐구로 가는 도량이다. 이것이 바로

'걸음걸음마다 도량'인 것이다. 목적을 향해 착실히 걷는 한걸음 한 걸음에는 맑은 바람이 저절로 오고 간다. 이를 '걸음걸음마다 맑은 바람 일어난다(步步淸風)'고 한다. 걸음걸음마다 발밑을 내려다보면 서 인생의 도량을 걸어가 봄직하다.

《선림유취禪林類聚》

제12화

곧은 마음이 바로 도량이다 (直心是道場)

광엄동자(光嚴童子)가 수행을 위해 고요한 장소를 찾으려고 시끄러운 비야리대성(毘耶離大成)을 나섰다. 마침 비야리국의 장자(長者)로서 불도를 지극히 수행한 유마 거사를 만나게 되었다.

광엄동자가 유마 거사에게 "어디에서 오십니까?"하고 물으니 유마는 "도량에서 온다."고 했다. 동자는 납득할 수 없어 다시 묻자 유마는 이렇게 한마디로 설파했다.

"곧은 마음이 바로 도량이니, 헛됨과 거짓이 없기 때문이다."

여기서 '곧은 마음이 도량'이라는 말이 나왔다.

'직심(直心)'은 곧은 마음, 진실하고 정직한 마음, 순수 무구한 마음, 흐트러지지 않는 마음을 말한다. '도량(道場)'은 원래 부처님이 깨달은 보리수 밑의 금강좌(金剛座)를 뜻하였는데, 현재는 수행자가 수행하는 신성한 장소(사찰)를 말하게 되었다. 그런데 여기서 말하는 도량은 이러한 공간적인 장소를 말하고 있는 것이 아니라 그 마음의 움직임에 따라서 도량이 넓어지기도 하고 좁아지기도 한다는 것을 말하고 있다.

'직심'을 도량이라고 한 것은《유마경》에서 "마음이 청정하면 불국토도 청정하다······ 곧은 마음이 정토이다."라고 한 것과 같은 의미이다.

달마 대사의 법을 받은 중국 선종의 제6조인 혜능 대사는 그의 어록집인《육조단경》에서 이렇게 말하고 있다.

"가고 머물고 앉고 눕는 데서(行住坐臥) 늘 하나의 곧은 마음을 행하라."

언제 어디서나 직심으로 수행하고 생활해 나간다면 어느 곳이든 도량 아닌 곳이 없다. 시끄럽고 번잡스러운 장소는 피하고 고요하고 편안한 장소만을 좋아한다면 누구도 그 마음이 청정하지 않겠는가? 중요한 것은 시끄럽고 복잡한 어느 곳에서도 마음이 물들지 않는 자세가 필요하다.

임제 선사는《임제록》에서 이렇게 경계하고 있다.

"시끄러움을 싫어하고 고요함만 찾는 것은 외도(外道)의 법이다."

직심으로써 행하지 않는다면 고요한 장소든 시끄러운 장소든 하등 다를 것이 없다. 직심이 아니라면 어떤 곳이라도 도량이라 할 수 없다. 거짓 없는 순수한 마음인 직심을 갖고 대처하는 것이 중요하다. 또 자기 심경을 고요히 하는 것을 게을리 하고 오직 고요한 장소만을 찾는 것은 도량이 될 수 없다. 장소는 자기 밖의 장소가 아니라 자기 안의 장소, 즉 자기 마음이니, 그 마음의 순수함이야말로 중요한 것이다.

선문에서는 시끄럽든 고요하든, 말을 하든 침묵을 지키든, 유(有)이든 무(無)이든 모든 대립을 완전히 비워 버린 경지를 찾는다.

사찰은 산 중에 있다. 고요하고 적막한 곳에서의 수행은 누구든 할 수 있다. 도시의 시끄러운 곳에서도 화두를 놓치지 않고 집중할 수 있고 평정심을 유지할 수 있도록 하는 것이 참선의 진실한 수행이다.

중국 송나라 때의 고승 대혜(大慧) 선사는 **"고요함과 시끄러움이 하나이다."** 라고 말하는데, 이는 동정(動靜)의 양면을 초월한 고차원적인 경지를 나타내고 있다.

직심(순수한 마음)이 있어야 비로소 동정일여(動靜一如)의 세계가 전개되는 것이다. 서로서로 사심 없는 곧은 마음, 즉 직심으로 사귀어 나간다면 인간관계도 보다 좋아지고 평화가 머무는 사회가 실현될 것이다.

《유마경維摩經》

제13화

때때로 부지런히 털고 닦아라 (時時勤拂拭)

달마 대사로부터 5대째인 5조 홍인 선사의 문하에는 700명의 대중이 있었는데 모두 수행에 힘쓰고 있었다. 어느 날 홍인은 수행승들을 모아 놓고 말했다.

"부처와 조사가 전한 대법(大法)을 물려주려고 한다. 누구라도 좋으니 깨달은 경지를 게송으로 보여다오. 마음에 들면 육조(六祖 ; 중국 선종의 제6조)로 인가하리라."

사람들은 모두 스승을 대신하여 일하고 있는 학덕이 높고 신망이 두터운 신수(神秀) 대사가 후계자가 될 것이라고 얘기하면서 게송 짓기를 포기하였다. 드디어 신수 대사는 대중들이 기대해 마지않던 깨달음의 심경을 이렇게 읊었다.

身是菩提樹 　몸은 바로 보리수요

心亦明鏡臺　마음은 곧 명경대라네.

時時勤拂拭　때때로 부지런히 털고 닦아

勿使惹塵埃　티끌이 끼지 않도록 하라.

이 몸은 깨달음이 깃드는 나무와 같은 것이고, 마음은 본래 천정하여 먼지 하나 없는 맑은 거울 같은 것이다. 그러니 늘 번뇌의 티끌을 씻어내서 몸과 마음을 더럽히지 않도록 수행을 게을리 하지 말라는 신수의 다짐이다. 신수는 이 게송을 홍인이 지나다니는 복도 벽에 붙여 놓았다.

신수가 얼마나 실천을 중시하여 면밀한 수행을 했는지 이 게송을 보면 알 수 있다. 신수의 수행은 점진적인 수행으로 깨달은 것이고, 그가 북방에서 선풍을 떨쳤기 때문에 그의 선을 북종선(北宗禪)이라고도 한다. 왕양명이 말한 '양지를 이룬다(致良知)'는 욕심과 망상의 오염을 없애 맑은 거울 같은 마음의 양지(본심, 본성)를 현전하는 것인데, 이 역시 신수의 깨닫는 방법과 비슷하다(왕양명은 점수와 돈오 양면을 설했는데, 후자에 중점을 두고 있다).

다음은 부처님 재세시의 일화이다. 주리반특(周利槃特)이라는 사람이 있었는데, 형 반특(槃特)에 뒤이어 출가했다. 그는 날 때부터 우둔해서 형이 가르쳐준 간단한 게송 하나도 제대로 깨우치지 못하고 있었다.

'주리반특'은 머리가 나쁘고 멍청하다고 언제나 사람들에게 바보 취급을 받고 있는 왕따였다. 얼마나 멍청했던지 가끔은 자기 이름마저 잊어버릴 정도였다고 할 바보였던 것이다.

다른 불제자들로부터 바보 취급을 받고 있던 '주리반특'은 부처님을 찾아갔다.

"부처님, 저는 너무 멍청해서 공부를 할 수가 없습니다."

그때 부처님께서는 그에게 이렇게 말씀하셨다.

"자신을 어리석다고 아는 사람은 결코 어리석지 않은 사람인 것이고, 오히려 자신을 현명하다고 생각하는 사람이야 말로 정말 어리석은 사람이다."

'주리반특'은 그 말씀을 듣고는 머리를 방망이로 얻어맞은 것처럼 일순간 멍하니 서 있었다.

그때 부처님은 계속해서 반특에게 말씀하셨다.

"너는 어려운 설법은 잘 모르는 것 같으니, 한 가지만 가르쳐 주마. 여기 빗자루가 있으니 이 빗자루를 가지고 마당을 늘 깨끗이 쓸며 외우거라. '먼지를 털고, 때를 벗겨라'라고 반복해서 말하면서 빗자루로 항상 깨끗이 쓸도록 하거라."

부처님의 자비로운 말씀을 듣고 기뻐한 '반특'은 절대 그 말씀을 잊지 않고 '먼지를 털고 때를 벗겨라'라고 소리 내면서 매일 청소하기를 1년이 지나고 2년, 5년, 10년이 지나도록 한결같이 열심히 하였던 것이다.

이윽고 부처님께서 말씀하신 것을 그저 묵묵히 계속 열심히 꾸준하게 하는 모습에 주위 사람들은 마음속으로부터 깊이 존경하게 되었던 것이다. '주리반특'은 청소를 계속하는 중에 '아아, 인간도 마찬가지다. 마음속에 있는 먼지나 때를 없애는 것이 중요한 것이야.'라고 하는 깊은 지혜를 깨달았다.

특히 선 수행에서는 매일매일 끊임없는 노력을 쌓는 것이 아주 중요하다. 이 신수의 계송을 교훈으로 삼아 늘 마음을 정화하는 데 주의를 기울인다면 명랑한 사회를 이룰 수 있을 것이다. 인간이든 환경이든 마음가짐에 따라 선하게도 되고 악하게도 되니까.

《육조단경六祖壇經》

제14화

본래 한 물건도 없다 (本來無一物)

　혜능은 영남의 신주 출신(현재의 중국 광동성)으로 아버지가 일찍 돌아가시어 어머니를 봉양하다가 금강경의 '응무소주 이생기심 應無所住 以生起心'(응당 머무는 바 없이 그 마음을 내어라)을 듣고 불교에 귀의하기로 결심했다.

　불교에 귀의하기 위해 5조 홍인(五祖 弘忍)이 머무르던 풍무산에 찾아가 절의 행자로서 8개월간 나무꾼 일을 하고 불경을 들으며 생활했다. 홍인은 자신을 받아주길 청하는 혜능에게 "남만인(남쪽 오랑캐)이 어찌 부처가 될 수 있단 말이냐?"라고 물었고 이에 혜능은 "불성에 남북의 구분이 있습니까?"라고 대답해서 행자로 머물 수 있었다.

　앞에서 해설한 신수의 시구를 보고 많은 수좌들은 물론 스승 홍인 대사도 그 시구를 칭찬했다. 그런데 혜능이 방앗간에서 수행승들이 신수의 게송을 가지고 이야기하는 것을 듣고 다음과 같이 말했다.

"짓긴 잘 지었지만 아직도 진실을 드러내지는 못했다."

그러자 뭇 수좌들은 방아나 찧고 있는 무식한 자가 신수의 게송을 비평할 자격이 없다고 혜능을 비웃었다. 글을 쓸 줄 모르는 혜능은 신수가 지은 시구의 운(韻)을 따라 자신의 시구를 써 달라고 했으나 아무도 상대해 주지 않았다. 그래서 한 동자에게 간청하여 땅바닥에 자신의 게송을 쓰게 했다.

菩提本無樹   보리는 본래 나무가 없고
明鏡亦非臺   명경 또한 대(臺)가 아니더라.
本來無一物   본래 한 물건도 없는데
何處惹塵埃   어느 곳에 티끌이 일까.

신수는 '몸은 보리수요 마음은 명경대'라고 했지만, 나로서는 보리도 번뇌도 몸도 마음도 없는 본래무일물이다. 그러니 티끌이나 먼지가 붙을 곳이 없다. 그런데 털어야 할 필요가 어디 있겠는가라고 반박했다.

대중들은 뜻밖에 혜능의 게송이 선의 오묘한 뜻을 잘 나타내고 있는 것을 보고 경악해 마지않았다. 그런데 스승 홍인은 이 시를 보고

"아직 멀었다."고 말하면서 신발로 그 시구를 지워 버렸다. 대중들은 스승인 홍인의 행동을 보고 소동을 그쳤다. 홍인은 대중들이 질투심을 일으켜 혜능에게 위해를 가할까봐 그렇게 행동한 것이다.

그날 밤 홍인은 몰래 혜능을 불러 정법을 전수하여 그를 중국 선종의 제6조가 되게 하였다. 그리고 대중들의 박해를 염려하여 그날 밤으로 혜능을 남쪽으로 도피하도록 하였다. 그 후 혜능은 남쪽에서 선풍을 드날렸으므로 혜능의 선을 남종선(南宗禪)이라고 한다.

신수가 점차적인 수행을 쌓아나가 깨달음의 경지에 드는 점오의 선풍이라면 혜능의 선풍은 수행의 단계를 거치지 않고 곧바로 깨달아 성불하는 돈오(頓悟 ; 단번에 깨닫는 방법)의 방법이다. 이처럼 신수는 '때때로 부지런히 닦으라'는 실천적 수행에 중점을 두지만, 혜능은 고차원의 경지로 부처의 경지에 드는 것을 중시하고 있다. 선에는 돈점(頓漸)의 양면이 있지만 결코 수행을 경시해서는 안 된다.

혜능의 '본래무일물'은 사물의 실상은 본래 집착해야 할 그 어느 것도 없는 '절대무(絕對無)'이기 때문에 분별의 상대적 관념이 전혀 없는 것이다. 즉 상대적 인식에 의한 집착심이나 분별심을 없앤 순수한 참나(본심, 본성)의 원점으로 돌아가는 것이다.

혜능의 '본래 한 물건도 없다'와 명경 또한 대(臺)가 아니다'는 선구를, 왕양명은 "본래무물(本來無物)이나 마음은 명경대가 아니다."로 표현하고 있다. 이처럼 '본래무일물'이나 '무'는 선의 특색으로서 선의 근본 뜻을 분명히 보여 주는 대명사라고 하겠다.

뿐만 아니라 우리 인간의 삶도 '본래무일물'인 것이다. 우리가 태어날 때 무엇을 가지고 온 것이 있으며, 또 죽을 때 그 무엇 하나 가지고 갈 수 있는가. 쓸데없는 집착과 애착에서 벗어나는 것도 짧은 인생을 살아가는 데에 깊이 한번 생각해 봄직한 일이다.

《육조단경六祖壇經》

제15화

한 물건도 가져 오지 않았다 (一物不將來)

엄양 존자가 조주 선사에게 물었다.

"한 물건도 가져 오지 않았을 때는 어찌합니까?"
조주 선사가 답했다.

"놓아 버려라."
엄양이 다시 물었다.

"한 물건도 가지고 오지 않았는데, 무얼 놓아 버립니까?"
그러자 조주가 다음과 같이 대답했다.

"그렇다면 짊어지고 가거라."

여기서 말하는 '한 물건(一物)'은 사물의 근원·본체·핵심으로 변하지 않는 본체인 진여·실상·자성·불성·법성 등을 가리키는 것으로 '한 물건도 없다(無一物)'와 '무심' '무' '공(空)' 등을 나타내고 있다.

'무'는 유무가 대립하는 '무'가 아니라 대립을 초월한 절대무(本無)이다. '공'은 색(현상)에 대한 공이 아니라 진공(眞空)이다. 또 '한 물건도 가지고 오지 않는다'는 적나라한 진실 그대로의 본래 모습이라는 의미로 이해한다면 될 것이다.

엄양은 무아·무심의 경지를 마치 자기가 깨달은 듯이 여겨 조주에게 "한 물건도 가지고 오지 않았을 때는 어찌하면 좋습니까?"하고 물은 것이다. 이에 대해 조주가 갑자기 "놓아버려라."고 답하자, 엄양은 조주의 갑작스런 대답을 여전히 이해하지 못하고 거듭 "아무 것도 갖고 있지 않는데 무얼 놓아 버리라는 말입니까?"하고 따졌던 것이다. 그러자 조주는 "그렇다면 짊어지고 가거라."하여 엄양의 예봉을 꺾고 있다. 이 '짊어지고 가거라'는 '한 물건도 가지고 오지 않았다'고 하는 그 물건도 가지고 가라는 말이다.

엄양은 '한 물건도 가져 오지 않았다'는 무심의 경지에 있으면서도 여전히 '한 물건도 가지고 오지 않았다'고 하는 그 사실에 집착하고 있었기 때문에 조주는 그 집착심을 철저하게 버리라고 꾸짖은 것이다. 즉 '버렸다'는 관념도 버려야 하는 것이다.

노승이 시자을 데리고 만행을 떠났다. 한참을 걷고 있는데 시냇물을 건너게 되었다.

시냇가 앞에 한 여인이 물이 많아 건너지 못하고 서성이고 있었다. 이에 노승은 등을 빌려주어 여인을 등에 업고 냇물을 건너 주었다. 계율(戒律)에 여인과 접촉하지 말라는 율이 있다. 시자는 노승에게 여인을 가까이 하지 말라는 율을 어기고 여인을 업어 물을 건네준 행위를 두고 마음이 편치 않았다. 한동안 길을 가고 있는데 시자가 노승에게 말했다.

"큰스님은 어찌하여 여인과 접촉하지 말라는 율을 어기고 여인을 업어 물을 건너 주었습니까?"

노승이 대답했다.

"시자야, 너는 아직도 여인을 업고 여기까지 왔느냐. 얼마나 무겁고 힘이 들었느냐. 이제 내려놓아라. 나는 물을 건너자마자 내려놓았느니라."

시자는 할 말을 잃고 망치로 한 대 맞은 듯 정신이 퍼뜩 들었다.

인간 사회에는 학식이나 지위·재산 등을 등에 업고서 우쭐대는 자가 적지 않다. 정말 난감하고 딱한 일이 아닐 수 없다. 그런 쓸데없는 물거품 같은 허명(虛名)에 남은 인생을 맡기지 말고 조주의 "놓아 버려라. 놓아 버릴 것이 없다면 차라리 그것마저 짊어지고 가라."는 말을 잘 음미해야 할 것이다.

《종용록從容錄》

제16화

달은 푸른 하늘에 있고 물은 병 속에 있다
(月在靑天水在瓶)

  이 말은 당대(當代)의 약산(藥山) 선사와 제자인 문학자 이고(李翶) 사이의 문답에서 나온 말이다. 약산의 가풍은 딱 한마디(一句)로써 불법의 진수를 갈파하는 데 있다. 그의 직접적이고 단적인 교화법은 이고와의 문답에서도 잘 드러난다.

  이고는 《복성서(復性書)》를 썼는데, 송대 유학의 복성복초설(復性復初說 ; 본성을 회복하고 시초로 돌아감)에 깊은 영향을 주었다. 그 내용은 본심·본성으로 돌아가는 반본환원(返本還源)의 사상이다.

  약산 선사는 경전을 깊이 공부한 뒤 결국 문자를 버리고 선문(禪門)으로 전향하여 깨달음을 얻었지만 그는 평시에 《법화경》《열반경》《화엄경》 등을 계속 보고 있었다.

  그러나 주위의 제자들에게는 문자의 노예가 된다는 이유로 경전을 보지 못하도록 엄하게 단속하였다.

이를 이상하게 여긴 한 스님이 약산 선사에게 여쭈었다.

"남에게는 경을 못 보게 하시면서 스님은 왜 경을 보십니까?"

"나는 경을 눈앞에 놓았을 뿐 한 번도 읽은 일이 없다."
이에 그 스님이 얼른 따라서 말했다.

"저희들도 스님처럼 경을 눈앞에 놓고 있으면 되지 않습니까?"
이에 약산 선사가 밖을 내다보며 말했다.

"나는 눈앞에 놓았을 뿐이지만 너희들은 경을 눈앞에 놓으면 문자가 너희들을 보는 것을 어찌 막을 수 있겠느냐?"

이고가 약산 선사에게 물었다.

"도란 무엇입니까?"
약산이 두 손으로 하늘과 병을 가리키면서 말했다.

"알겠는가?"
이고는 약산이 가리키는 선의 깊은 뜻을 이해할 수가 없었다.

"모르겠습니다."

그러자 약산은 즉시 말했다.

"달은 푸른 하늘에 있고 물은 병 속에 있다."

이고는 이 말을 듣고 깨우치는 바가 있었다.

그 뒤 이 '알겠는가?' '모릅니다'와 같은 문답 형태는 혜충 국사와 당 황제 사이에서도 주고받고 있는데, 선문에서는 흔히 있는 문답 형식이다.

'달은 푸른 하늘에 있고 물은 병 속에 있다'는 것은 진실한 모습, 의심의 여지가 없는 사실 그대로의 모습을 가리킨다. 이것은 바꾸어 말하면 '버들은 푸르고 꽃은 붉다' '눈은 가로로 찢어졌고, 코는 세로로 섰다' '기둥은 세로로, 문지방은 가로로 놓여 있다'와 같은 것으로 거짓 없는 진실 그대로인 본래자연의 모습인 것이다. 따라서 이 이상 확실한 것은 없는 법이다.

만약 달은 땅에, 물은 하늘에 있고, 눈은 세로로, 코는 가로로 찢어져 있고, 버들은 붉고, 꽃은 푸르다면, 이는 거짓된 모습으로 본래 갖추고 있는 그대로의 진실상이라고는 할 수 없다. '달은 하늘에 있는 것이지 병에 있지 않다'라는 선구가 있듯이, 있는 그대로의 모습을 곡해하지 않는 것이 중요하다.

사회나 가정의 인간관계에서도 마찬가지이다. 제각기 있을 곳에 있으면서 본분에 투철하다면 누구나 평온무사할 것이다. 숨김없이 당당하고 확실히 드러난 진실 그대로의 모습, 이것이 대도의 현현이며 부처님의 모습인 것이다. 만물은 우리 앞에 진실을 보여 주고 진실을 말해 주고 있기 때문에 거짓 없는 성실한 마음으로 대응하는 것이 중요하다.

《괴안국어槐安國語》

제17화

지극한 도는 어렵지 않으니
취사선택하는 짓을 피해야 한다
(至道無難 唯嫌揀擇)

2조 혜가 스님이 서위(西魏)의 여러 지방을 다니면서 보리달마의 선풍을 드날리던 때에 승찬(僧璨)은 속인의 몸으로 혜가 스님을 만난다. 승찬은 이때 이미 세속의 나이로 40을 넘은 데다 문둥병까지 앓고 있는 몸이었다. 승찬은 혜가 스님을 찾아가 자기의 이름도 밝히지 않은 채 불쑥 물었다.

승찬 : "제자는 문둥병을 앓고 있습니다. 화상께서 저의 죄를 참회하게 하여 주십시오."
혜가 : "그대의 죄를 가지고 오라. 참회시켜 주리라."
승찬 : "죄를 찾아도 찾을 수가 없습니다."
혜가 : "그렇다면 그대의 죄는 다 참회되었다. 앞으로는 불 · 법 · 승 삼보(三寶)에 의지해서 안주하라."

137

승찬: "지금 화상을 뵈옵고 승보(僧寶)임은 알았으나 어떤 것을 불보(佛寶) · 법보(法寶)라 합니까."

혜가: "마음이 부처요, 마음이 법이다. 법과 부처는 둘이 아니요, 승보도 그러하다."

승찬: "오늘에야 비로소 죄의 성품은 마음 안에도 밖에도 중간에도 있지 않음을 알았으며, 마음이 그러하듯이 불보와 법보도 둘이 아닌 줄 알았습니다."

혜가스님께서 그가 법기(法器)인 줄 아시고 곧 머리를 깎아주며 말했다.

"너는 나의 보배이다. 구슬 찬(璨)자를 써서 승찬이라 하라."

예로부터 유명한 명구로 중국 선종의 제3조 승찬선사가 지은《신심명》첫머리에 나오는 구절이다.《신심명》은 한 구절에 네 글자씩 모두 전체 구성이 4언 146구 584자의 소품으로 이루어진 운문으로, 선의 진수를 문학적으로 표현한 격조 높은 작품이다. 특히 여기서 소개하는 구절은《신심명》의 핵심이다.

이 구절에 대한 조주 선사의 문답이《조주록》이나《벽암록》제2

칙·제57칙·제58칙·제59칙에 나오고 있다. 조주는 자신의 거처를 지도암(至道庵)이라 부를 만큼 이 '지도무난' 구절을 특히 좋아했으며, 이 구절을 갖고 사람들을 교화했다고 전한다. '지도(至道)'는 지극한 대도, 최고의 진리로서 불도·불심·불성·자성·법성 등을 가리킨다. '무난(無難)'은 어렵지 않다는 말이다. 즉 지극한 도는 동떨어진 고원한 곳에 있는 것이 아니라, 가까이 있고, 생활 속에 있는 것이라서 구하기 어려운 것이 아니라는 뜻이다. '유혐간택(唯嫌揀擇)'은 취사선택을 하지 말라는 뜻이다. 즉 옳고 그름, 선과 악, 좋고 싫음의 이원적 대립의 입장을 취하지 말라는 것이다.

《신심명》의 '심(心)'은 존재의 근원, 존재의 궁극으로 불심·불성·진여·자성이라고도 하는데, 나지도 죽지도 않고, 소리나 형태도 없으며, 알 수도 없고, 볼 수도 없는 소명영각(昭明靈覺)의 절대적 존재이다. 이 존재의 근원을 이루고 있는 마음을 자각하여 지극한 도를 체득하지 못하는 것은 취사선택하는 이원대립의 분별심이 있기 때문이다. 이 상대적 인식을 끊고 절대적 인식에 서면 지극한 도는 쉽게 체득되는 법이다. 따라서 불심 즉 진실한 자기를 자각하기 위해서는 '둘다 잊음(兩忘)'처럼 상대적인 대립을 비워 버리는 것이 전제 조건이다.

《신심명信心銘》

139

제18화

늙은 소나무는 반야를 얘기하고
그윽이 깃든 새는 진여를 희롱하네
(古松談般若 幽鳥弄眞如)

'반야'는 번뇌망상을 없애 부처가 되는, 즉 깨달음을 얻는 지혜이다. '진여(眞如)'는 변치 않는 진실, 즉 우주만물에서 항상 변치 않는 근원적 존재이다.

이 말은 솔바람 소리나, 지저귀는 새 소리 등 귀에 들리는 모든 것이 부처님의 현현이며 설법의 소리라는 뜻이다. 또 늙은 소나무 자체를 반야로 보고, 그윽히 깃든 새 자체를 진여로 볼 수도 있다. 그래서 천지간의 사물 모두가 존귀한 부처님의 모습이며, 은혜로운 부처님의 설법인 것이다.

깨달음의 경지에서 보면 사사물물 모두가 부처님의 모습 아닌 것이 없으며 설법의 음성 아닌 것이 없다. 계곡의 물소리나 솔바람 소리가 다 설법이요, 버들이 푸르러지니 관세음보살의 미묘한 모습이요, 들려오는 솔바람 소리는 중생을 제도하는 설법의 음성이다.

溪聲便是廣長舌　계곡의 물소리는 바로 장광설이요

山色豈非淸淨身　산 빛깔 또한 청정신이 아니겠는가.

夜來八萬四千偈　밤사이 부는 바람 팔만사천법문이니

他日如何擧似人　도대체 이 심경을 어찌 보여 주겠는가.

　소동파는 송대의 고승 동림상총(東林常總) 선사와 불인요원(佛印了元) 선사에게 참예하여 선을 닦은 문인이다. 아버지 소순, 동생 소철과 함께 '3소'(三蘇)라고 일컬어지며, 이들은 모두 당송8대가에 속한다. 소동파는 조정의 정치를 비방하는 내용의 시를 썼다는 죄로 황주로 유형 되었는데, 이 때 농사짓던 땅을 동쪽 언덕이라는 뜻의 '동파'로 이름 짓고 스스로 호를 삼았다.

　소동파는 구양수·매요신 등에 의해서 기틀이 마련된 송시를 더욱 발전시켰다. 구양수·매요신 이전의 시가 대개 비애를 주제로 해왔던 데 비해서 이 두 사람은 평안하고 고요한 심정을 주로 읊었고, 동파는 이에서 벗어나 훨씬 적극적·자각적인 관점을 취했다. 동파는 작가의 마음이 자연스럽게 묻어나와야만 훌륭한 문장이 된다는 청년기의 생각을 평생토록 일관했다.

　그의 시는 자유분방한 심정과 재능의 표현을 통해 경쾌한 리듬 속에 절묘한 비유와 유머를 담고 있다. 제재에 있어서도 특별히 구애받지 않아 이전까지 다른 사람들이 취하지 않았던 것, 간과되어왔던 것들도 시로 썼다. 그의 시는 모든 사람에 대한 폭넓은 애정을 기저에 깔고 있으며, 인간의 욕망을 긍정했고 인간의 선의(善意)를 신봉했다. 그는 사(詞)에서도 기존의 완약(婉約) 대신에 호방한 사풍을 창시했다. '적벽회고'(赤壁懷古)라는 부제가 붙은 〈염노교 念奴嬌〉·〈수룡음 水龍吟〉 등은 영물시(詠物詩)의 극치라 일컬어진다.

한편 산문에서는 당송8대가 중 소씨 부자, 즉 3소가 포함되었다. 동파의 산문은 송대의 다른 작가들의 작품에 비해 이색적이다. 그의 작품이 지닌 가장 큰 특징은 그 무엇에도 구속받지 않는 자유분방함이다.

위의 시는 동림상총에게서 '무정설법(無情說法 ; 초목 같은 무정물도 유정의 인간처럼 설법하고 있다는 것)'의 공안을 받은 소동파가 정진을 거듭해서 마침내 깨달은 심경을 나타낸 시이다.

계곡을 흐르는 물소리는 은혜로운 부처님의 설법으로 들을 수 있고, 산 빛깔은 존귀하고 청정한 불신으로 볼 수 있다. 지난밤 내내 부는 바람 소리는 부처님이 팔만사천법문을 설하는 것이다. 부처님의 설법을 듣는 내 심경을 도저히 남에게 묘사해 보일 수 없구나. 이렇게 소동파는 자기가 깨달은 경지를 읊고 있다.

솔바람 소리, 새 지저귀는 소리, 계곡의 물소리, 산 빛깔을 그대로 부처님의 소리, 부처님의 모습으로 받아들일 수 있기 위해서는 그 사물에 자기를 몰입시켜 가는 것이 필요하다.

"늙은 소나무는 반야를 얘기하고 그윽이 깃든 새는 진여를 희롱하네."

이 시구는 정말 멋진 심경을 읊은 시로 크게 깨달은 자만이 체득할 수 있는 선의 미묘한 맛을 표현한 것이라 하겠다.

《인천안목人天眼目》

제19화

물은 흘러 근원이 바다로 들어가고, 달은 져도 하늘을 벗어나지 않는다

(水流元在海 月落不離天)

불교에서는 '지(知)와 지(智)'를 구분해서 쓴다.

사물의 식별에 사용되는 지(知-지식, 알음알이)와 식별적인 기능을 초월하는 통합적인 지(智), 곧 지혜(知慧)로 나누어서 생각한다.

'지(知)'는 흔히 우리가 말하는 지식(知識)을 뜻한다. 불교에서는 학문 영역에 속하는 지식을 대수롭지 않게 생각한다. 불교에서 추구하는 깨달음과는 거리가 멀기 때문이다. 그래서 일반적인 지식을 '알음알이'이라 한다. 알음알이는 깨달음에 오히려 장애가 된다고 본다.

중국 원나라 때의 중봉 명본(中峯明本, 1238~1295) 선사는 다음과 같은 게송을 읊었다.

神光不昧   신령한 불성 광명은 어둡지 않아

萬古徽猷　만고에 이르도록 장엄하네,

入此門來　불법의 문안으로 들어오려면

莫存知解　아는 체 하는 알음알이 (知解)를 두지마라.

　여기서 '지해(知解)'란 '지견해회(知見解會)'의 준말로서, 사전에는 '약삭빠른 수단'이라 적혀 있는데, 잔머리를 굴리면서 분석하고 억측하는 것을 말한다.

　지식은 지혜와는 근본적으로 큰 차이가 있다. 계산하고, 암기하고, 생각하고, 분별하는 능력을 지식이라 한다면, 지혜는 이러한 범부 중생의 사량 분별(思量分別)을 초월하는 것이다.

　'반야(般若)의 지혜(智慧)'는 머리를 굴려 생각하고 분별하는 일련의 행위에 대해서 버리고 비울 것을 강조한다. 인간의 생각에서 오는 지식은 우리의 정신세계를 복잡하고 혼란하게 만든다. 지식은 업(業)을 불러일으키는 원인이 될 뿐이다.

　그러므로 우리는 자신을 혼란스럽게 하는 지식들을 모두 비우고 놓아버려야 한다. 세간의 지식을 부여잡고 있기 때문에 우리는 고통의 바다에서 헤어나지 못하고 있다. 우리 마음속 깊은 곳의 맑은 불성(佛性), 본래면목(本來面目) 자리에 모두를 되돌려 놓아야 한다.

중봉명본(中峰明本) 선사에게 어느 수행승이 다음과 같이 물었다.

"어느 곳에서 다시 생사거래(生死去來)의 자취를 찾습니까? 생(生)은 어느 곳에서 옵니까?"

명본 선사가 답했다.
"물은 흘러도 바다로 들어간다."

수행승이 다시 물었다.
"죽으면 어느 곳을 향해 갑니까?"

"달은 져도 하늘을 벗어나지 않는다."

아무리 흐르는 방향이 달라도 강물은 끝내는 모두 대해로 들어가며, 달은 동쪽에서 떠서 서쪽으로 져도 끝내는 하늘을 벗어나 운행하지 않는다.

'물은 흘러도 방향을 달리하지만 대해로 흐르고, 달은 동에서 떠서 서쪽으로 진다'는 것은 사람에게는 늙고 젊음, 남과 여, 현명하고 어리석음, 부자와 가난한 자 등의 차별이 있음을 말하고 '물이 끝내는 모두 대해로 들어가고 달이 하늘을 벗어나지 않는 것'은 어떤 사람이라도 모두 본심·불성을 갖추고 있음을 말한 것이다.

이처럼 사람에게는 갖가지 차별상이 있지만 본래는 누구에게나 똑같은 본심·불성이 있다. 이것이 차별상에 대한 평등상이다. 이 상대적 차별의 세계가 그대로 절대평등의 세계인 것이다. 즉 차별이 곧 평등이요 평등이 곧 차별이다. '만법이 하나로 돌아간다'라고 하듯이 천차만별의 만법은 결국 절대의 '하나'로 돌아가고 만다. 일체 만물이 진실하고 고요한 본원(本源)으로 돌아가고 근본 진리에 돌아가는 것을 반본환원(返本還源)이라고 한다. 반본환원의 상태로 돌아가는 것이 불성을 깨닫는 것이며, 본래의 자기에 투철하는 것이다. 물이 흘러 대해로 들어가고 달이 하늘을 벗어나지 않듯이 인간 역시 그 돌아가는 곳(뿌리인 근원), 즉 사람마다 본래 갖추고 있는 불성을 잊어버리지 않도록 해서 늘 '그 근원을 기르는' 것을 좌우명으로 삼아야 한다.

《오등회원五燈會元》

셋·째·마·디

산이 물 위로 간다

한 수행승이 운문 선사에게 물었다.
"모든 부처가 나온 곳은 어디입니까?"
운문 선사가 대답했다.
"산이 물 위로 간다."

제1화

주인공 (主人公)

'주인공' 이야기는 선문에서 유명한 화두이다.

당나라 말기 암두(巖頭) 선사의 법을 이은 사언(師彦) 선사는 매일 바위에 올라가 좌선하면서 큰소리로 스스로를 부르고 대답했다고 한다.

"주인공아!"

"네."

"눈을 똑바로 뜨고 있는가?"

"네."

"남에게 속지 말거라."

"네."

사언 선사는 이렇게 자문자답하는 것으로 하루 일과를 되풀이했다. 이것 외에는 평생 한마디의 설법도 하지 않았다.

'주인공'은 '자기의 주체' '참된 자기' '본래의 자기'인데 선문에서는 불성(佛性) 또는 본래면목(本來面目)이라고 한다. 임제 선사가 말하는 '무위진인(無位眞人 ; 지위가 없는 참사람)'도 '주인공'을 가리킨다.

고대 그리스의 철학자 소크라테스는 늘 가슴에 손을 얹고 마음속에서 울려 나오는 다이모니온(양심)의 소리에 따라서 행동했다고 하는데, 이 다이모니온 역시 주인공을 말한다.

무문혜개(無門慧開) 선사는 자신의 저서 《무문관》에서 사언 선사의 '주인공' 일화에 대해 이렇게 평하고 있다.

"한 사람은 '주인공'이라 부르고 한 사람은 '네' 하고 대답하며, 한 사람은 '눈을 똑바로 떠 남에게 속지 말라' 하고 한 사람은 이에 대해 '네' 하고 대답한다."

사언 선사나 무문 선사가 아니더라도 우리는 생활 속에서 때때로 자문자답하는 경험을 갖게 된다. 그것은 자기 밖에 또 하나의 자기가 존재하고 있기 때문이다. 이처럼 인간에게는 두 개의 자기가 존재하고 있는데, 바로 감성적 자기와 영성적 자기이다.

'감성적 자기'란 기쁨과 슬픔, 즐거움과 성냄, 그리고 개인적 · 사회적 욕망을 품고 생활하는 일상적이면서도 상식적인 자기이다. '영성적 자기'란 일상적 자기 속에 내재하고 있는 순수한 본질적 자기이며, 영원한 자기, 본래적 자기이다.

일상적 자기는 밖으로 나타난 현재적(現在的) 자기이지만, 본질적 자기는 내면에 있는 잠재적(潛在的) 자기이다. 전자는 소아(小我)이며 후자는 대아(大我)이다. 전자는 유교에서 말하는 인심(人心)이며 후자는 도심(道心)이다. 이 영원한 본질적·영성적 자기에 의해 일상적·감정적 자기가 가치를 부여받는 것이다.

진정 인간은 늘 이 두 가지 자기와 함께 삶의 길을 끊임없이 걸어가는 나그네인 것이다.

순수하고 진실한 본래의 자기인 주인공을 돌아보지 않고 늘 잊어버린 채 놓치고 있는 것이 우리의 일상이다. 흔히 인간소외니 인간상실이니 한다. 이 역시 주인공을 무시하는 데서 나오는 것이다. 주인공을 망각하고 등한히 하는 데에 현대의 불안이 있다. 이 중요한 주인공을 가리고 있는 집착이나 망상을 제거함으로써 주인공이 눈뜨는 본래의 진실한 자기가 모습을 드러내는 것이다.

사언 선사는 이렇게 주인공을 눈뜨게 하여 사심과 망상에 속아 넘어가지 않도록 늘 끊임없이 주인공을 불렀다.

임제는 "가는 곳마다 주인이 되라(隨處作主)."고 설한다. 그러나 주인공의 탐구는 "호랑이를 잡으려면 호랑이 굴에 들어가라."고 하듯이 그 속에 들어가 자기를 돌이켜 보지 않으면 안 된다.

《무문관無門關》

제2화

일원상 (一圓相)

진조(陳操)는 당나라 때 사람으로 선을 수행하였으며, 나중에 상서(尚書)의 관직에 올랐다. 자복여보(資福如寶)는 당말 오대(五代)의 선승으로 위앙종(潙仰宗) 앙산혜적(仰山慧寂)의 손자제자이다.

진조가 자복을 뵈러 갔다. 자복은 진조가 오는 것을 보고는 이내 일원상을 그렸다. 진조와 자복이 문답하는 '진조간자복(陳操看資福)' 공안을 '자복원상(資福圓相)'이라고도 한다.

《벽암록》제69칙에는 이렇게 나와 있다.

"남전(南泉)이 땅 위에 일원상을 그리면서 말했다. 말할 수 있으면 즉시 떠나겠다."

남전보원(南泉普願)은 '남전이 고양이를 베다(南泉斬猫)'의 공안으로 유명한 선사인데, 그는 마조도일(馬祖道一)의 제자이다.

원상을 처음 그린 사람은 6조 혜능의 제자인 남양혜충(南陽慧忠)이라고 전한다. 혜충 선사의 제자인 탐원응진(眈源應眞)은 원상의 참뜻을 연구한 사람인데, 위앙종 앙산혜적에게 그 뜻을 전했다. 그래서 위앙종에서는 수행자를 가르칠 때 원상을 자주 사용하기 때문에 원상에 관련된 문답이 아주 많다.

위앙종은 오대 무렵에 일시 성행했으나, 송나라 때는 쇠퇴하여 맥이 끊어지니 그 기간은 150년에 불과했다.

'일원상'은 하나의 둥근 원을 그린 모습이며, 모자라는 것도 남는 것도 없는, 완전하고 원만한 의미를 나타낸다. 일원상은 우주만상의 근원을 가리키는데, 완전무결하고 위대한 작용을 하는 우주의 모습을 원으로 표현한 것이다. 선종의 종지를 밝힌 《신심명(信心銘)》의 저자 3조 승찬(三祖 僧璨)은 이렇게 노래한다.

"원만함이 큰 허공과 같아서 모자람도 없고 남음도 없다." (신심명)

이 구절은 바로 원상의 의미를 나타낸 것이다. 원상에 대한 설명은 승찬이 처음이지만, 이를 일원상으로 그린 것은 남양혜충이 선구자이다.

선종에서는 제자를 접하거나 인도하는 법어(法語)를 내릴 때 자주 손가락이나 털이개(拂子)·여의(如意 ; 대나 나무로 만든 구름 모양의 홀)·

주장자(拄杖子 ; 설법이나 행각할 때 쓰는 지팡이) 등으로 공간이나 대지에 일원상을 그리거나, 붓으로 일원상을 그린다. 이는 진실하고 절대적인 진리(佛心 · 佛性 · 眞如 · 大道 등의 근본 뜻)를 표시하는 것이다.

선승은 먹자국도 분명하게 일원상을 그리고서 거기에 착어(着語 ; 짧은 평)를 붙이거나, 아니면 일원상 세 글자를 쓰거나 한다. 이러한 일원상은 단순한 원이 아니라 절대적 진리를 단적으로 드러내는 것이다. 원상 자체가 될 때 불심을 체득하는 것이며, 남전이나 자복의 경지에 들어갈 수 있는 것이다.

《벽암록碧巖錄》

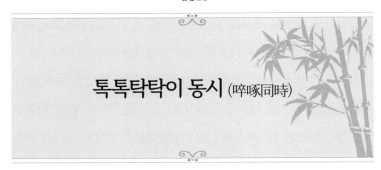

제3화

톡톡탁탁이 동시 (啐啄同時)

어미 닭이 알을 품고 있다가 알이 부화될 때가 되면 알 속의 새끼가 먼저 안쪽에서 껍질을 톡톡 쪼는데 이것을 '줄(啐)'이라 하고, 그와 때를 같이하여 어미 닭이 바깥에서 껍질을 탁탁 쪼는 것을 '탁(啄)'이라 한다.

새끼가 안쪽에서 쪼는 '줄'과 어미가 바깥쪽에서 쪼는 '탁'에 의해 껍질이 깨지면서 새끼가 나온다. 이를 위해서는 새끼의 '줄'과 어미의 '탁'이 동시에 같은 곳을 쪼아야만 한다. 새끼는 안쪽에서 쪼고 있는 데 바깥쪽에서 어미가 쪼지 않거나, 반대로 어미는 쪼고 있는데 새끼가 쪼고 있지 않으면 아무 소용이 없다. 즉 새끼의 '줄'과 어미의 '탁'이 동시에 이루어지지 않고 동문서답(東問西答)이 된다면 새끼는 알 속에서 죽음을 기다릴 수밖에 없는 것이다.

또 새끼가 쪼는 곳과 어미가 쪼는 곳이 달라도 소용이 없다. 줄과 탁은 반드시 같은 곳에서 이루어져야 한다. 따라서 줄과 탁은 동시에, 그러면서도 같은 곳에서 이루어지는 것이 중요하다. 다시 말해서 안에서 쪼는 새끼와 밖에서 쪼는 어미가 완전히 의기투합하여 일체가 되지 않으면 안 된다는 것을 말하고 있는 것이다.

이 '줄탁동시'는 선문에서 흔히 사용되고 있는 지극히 중요한 말이다. 즉 스승과 제자가 서로 의기투합해서 일체가 되고 있음을 뜻하는 말이다. 스승과 제자의 호흡이 딱 일치하는 곳에서 깨달음을 여는 순간적인 계기(機緣)를 만날 수 있는 것이다. 제자의 수행이 익었다 해도 스승이 깨달음의 기연을 알아채지 못하면 소용없으며, 또 스승이 아무리 제자에게 수행을 격려해도 제자가 그에 부응하는 경지에 이르지 못하면 그 역시 소용이 없다.

중국 당나라 때의 경청(鏡淸) 선사는 한 수행승에게 '줄탁동시'를 이렇게 가르치고 있다.

"무릇 행각(行脚 ; 수행)하는 사람이라면 반드시 '줄탁동시'의 눈을 갖추고 줄탁동시의 쓰임새(用)를 알아야 진실로 납승(衲僧 ; 수행하고 있는 선승)이라고 부를 수 있다."

이를 보더라도 줄탁동시가 선 수행에서 얼마나 중요한 것인지를

157

알 수 있다. 경청 선사는 늘 '톡톡탁탁(啐啄)'의 기틀(機)로써 수행승을 지도했기 때문에 그의 선풍을 '경청줄탁기(鏡淸啐啄機)'라고 한다. 나중에 선문에서는 이 '줄탁동시'가 수행승을 설득시키는 살아 있는 수단으로 쓰이게 되었다.

이 줄탁의 기틀은 선문에만 한정된 것이 아니다. 가정생활이나 사회생활에서도 없어서는 안 되며, 교육 방면은 물론 운동경기나 그 밖의 갖가지 교류에서도 빠뜨릴 수 없다. 특히 모자관계에 대해 경청은 이렇게 말한다.

"어미가 쪼려고 하면 자식도 쪼지 않을 수 없고, 자식이 쪼려고 하면 어미도 쪼지 않을 수 없는 것과 같다."

어머니가 의사를 표시할 때 자식이 곧바로 그 의사에 대응하면 모자간에 계합하여 일체가 된다. 이를 '줄탁신기(啐啄迅機)'라고 말한다. 인간관계에서는 상호간의 줄탁이 시간적 간격을 뛰어넘어 의기투합할 각오가 있어야 한다. 선문에서 이 '줄탁신기'는 스승과 제자가 함께 계합하여 일체가 되는 것인데, 경청 선사의 말은 이것을 모자관계에 비유한 것에 불과하다.

공자는 《논어(論語)》에서 자신의 교육법을 이렇게 말하고 있다.

"분발하지 않으면 깨우쳐 주지 않고 말하려고 애쓰지 않으면 틔워주지 않는다. 네 모퉁이 중 한 모퉁이를 들 때 세 모퉁이로 대응하지 못하면 다시 하지 않는다."

제자의 배움에 대한 정열이 초조할 정도로 분발심을 내지 않는다면 그를 깨우쳐 주지 않는다. 마음으로는 충분히 이해하면서도 말로는 표현을 못해 입을 우물거리지 않으면 인도해 주지 않는다. 예컨대 사각형의 형태를 가르친다고 하자. 한 모퉁이를 보여 주는데, 다른 세 모퉁이를 유추하여 대응하지 못한다면 다시 가르치지 않는다. 이것이 공자의 교육법인데, 이 같은 계발주의 교육은 학교교육은 물론 가정교육에서도 참고할 만한 것이다.

　피교육자의 분발과 애씀이 줄(啐)에 해당하고 교육자의 계몽과 깨우침이 탁(啄)에 해당한다고 할 수 있다. 분발과 애씀이 있어야 비로소 계발되는 것이므로 그것이 없다면 계발도 있을 수 없다. 인간의 만사가 모두 줄탁의 기틀이며, 이 줄탁이 없으면 인격형성도 인간육성도 기대할 수 없을 것이다.

《벽암록碧巖錄》

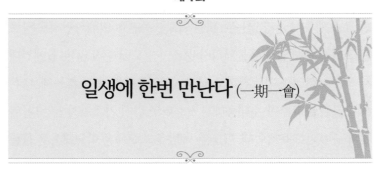

제4화

일생에 한번 만난다 (一期一會)

‘일기(一期)’는 인간이 낳아서 죽을 때까지의 한평생을 가리킨다. 불교에서는 생사윤회(生死輪廻)·윤회전생(輪廻轉生)·생사유전(生死流轉)·생사부절(生死不絕)이라 하여 인간이 나고 죽는 미혹의 세계를 수레바퀴가 굴러가듯이 되풀이한다고 본다. 이 나고 죽는 한 주기의 기간을 ‘일기’라고 말한다.

다음 ‘일회(一會)’는 모인다는 의미로 사람이 모이는 법회(法會)를 가리킨다. 이 말은 스승 밑에 모여들어 가르침을 받는 제자 또는 그 장소와 같은 의미로 쓰인다. 따라서 ‘일기일회’는 평생 단 한번 만난다는 의미가 된다. 이 ‘단 한번’은 여러 번 되풀이하지 않는다는 엄숙한 뜻을 내포하고 있다.

이 일기일회는 차를 마시는 차 모임(茶會)에서 잘 나타나고 있다. 차 모임을 열 때 똑같은 모임을 다시 되풀이하지 않기 때문에 지금

여는 차 모임을 평생에 단 한번 있는 모임으로 생각한다. 그래서 만사에 주의를 기울이고 성의와 최선을 다하는 것이다. 이것이 일기일회이다. 똑같은 차 모임이 평생 두 번 다시없다는 각오로 차 모임을 열면 모든 일에 빈틈없고, 또 게으른 마음이 일어날 여지가 없어서 온몸과 마음으로 차 모임에 전력할 수가 있는 것이다.

세상만사는 덧없어서 만난 자는 반드시 헤어지게 마련이라고(會者定離) 불교에서는 말한다. 이 '만남이 곧 이별'은 일상생활 속에서 흔히 쓰는 말인데, 똑같은 만남은 두 번 다시없기 때문에 '일기일회'인 것이다.

모든 일을 '일기일회'라고 살펴 그 일에 전심전력하는 것은 '일 그 자체가 되는 것'이며 '한마음이 흩어지지 않는 것'이다. 불교에서는 이를 '삼매(三昧)'라고 말한다. 삼매란 마음을 한곳에 주의하는 것으로 한자로는 정(定)이라고도 한다.

일기일회를 깨우쳐 온몸과 마음을 기울여서 전념하면 소위 '정신일도 하사불성(精神一到 何事不成 ; 정신을 한곳에 집중시키면 어떤 일도 이루어지지 않는 것이 없다)'이 된다. 어떤 난관이든 극복해서 성취할 수 있는 것이다. 선 수행은 물론이지만 다도(茶道)나 일반적인 모든 일에서도 '일기일회'의 마음가짐을 가져야 한다. 그렇게 할 때 비로소 인간은 생명의 충실과 무상의 기쁨, 그리고 진실한 활력을 느끼게 될 것이다.

《임제록臨濟錄》

제5화

산이 물 위로 간다 (東山水上行)

동산(東山)은 중국 호북성(湖北省) 황주부(黃州府)에 있는 풍무산(馮茂山)의 별칭이다. 이곳은 6조 혜능 대사의 스승인 홍인 대사의 도량이 있었던 곳인데, 4조 도신 선사의 쌍봉산(雙峰山)을 서산(西山)이라 한 데 대해 '동산'이라고 부른 것이다.

여기서는 꼭 동산이 아닌 보통의 일반적인 산으로 보아도 괜찮다. 언젠가 한 수좌가 운문 선사에게 물었다.

"모든 부처가 나온 곳은 어디입니까?"

운문 선사가 답했다.

"동산이 물 위로 간다."

누가 보아도 산은 움직이지 않는 것이기 때문에 운문이 '동산이 움직여서 물 위로 간다'고 답한 것은 상식적으로는 이해할 수 없는 것이다. 이 '동산이 물 위로 간다'와 같은 뜻을 지닌 것으로는 '청산은 늘 걸음을 옮긴다(靑山常運步)' '청산은 늘 발을 들고 있다(靑山常擧足)' 등이 있다. '움직이지 않는 청산이 발을 들고 걷고 있는' 것이든 '다리는 흘러도 물은 흐르지 않는' 것이든 모두 상식적으로는 생각할 수 없는 모순된 것이다. 그러나 선의 입장에서 보면 별로 모순되지도 불합리하지도 않다.

산과 다리는 움직이지 않고 물은 끊임없이 흐른다고 하는 것은 동(動)과 정(靜)을 대립시키는 상대적인 사고이다. 이는 생과 사, 고통과 즐거움, 선과 악, 옳음과 그름, 아름다움과 더러움, 길고 짧음을 대립적으로 보는 것과 마찬가지이다. 이 양자를 대립시켜 보는 데서 분별과 망상이 일어나기 때문에 분별 망상에 속박되어 있는 상대적 인식을 끊어내야 한다. 선문에서는 이를 위해 '망상하지 말라' '모두 놓아 버려라' '둘 다 잊다' 등을 좌우명으로 삼아 경계하고 있다.

분별과 망상을 야기하는 이원적 대립 관념을 없애서 고차원의 절대적 인식에 도달해야 한다. '동산이 물 위로 간다'나 '청산은 늘 걸음을 걷는다'는 모두 상대적 인식을 단절하고 절대적 인식에 선 심경을 표현하고 있다.

참선이나 명상을 하다보면 오만가지 생각이 스멀스멀 파고든다. 그래서 선 수행에서는 망상을 경계하고 있다. 망상이 일어나면 화두에 집중하지 못하고 있는 것으로 망상이 일어나는 즉시 망상을 떨쳐 버리고 화두에 몰입할 수 있는 마음을 찾아야 한다.

범부들은 10초도 집중하기가 힘들다. 꾸준한 참선으로 시간을 늘려가며 화두를 점검해야 비로소 1분. 10분. 1시간 화두에 집중할 수 있다. 하루아침에 되는 것이 아니고 꾸준한 수행이 필요하다.

형산소근(瑩山紹瑾) 선사는 이렇게 말한다.

"잡스러운 지식과 이해를 버리고 일체의 망정을 단절하여 하나의 실다운 진심(眞心)을 현성하면 미혹의 구름이 맑게 개면서 마음 달(心月)이 새롭게 빛난다."

또 옛사람은 이렇게 말한다.

"양쪽 머리를 모두 끊어내니 사방팔방에서 맑은 바람 일어난다."

이렇듯이 맑고 무애자재한 새로운 별세계가 전개되는 것이다.

《운문광록雲門廣錄》

164

제6화

다리는 흘러도 물은 흐르지 않는다
(橋流水不流)

'다리는 흘러도 물은 흐르지 않는다'는 말은 부대사(傅大士)의 시구에서 비롯된 말로서 《오등회원》 《전등록》 등에 나온다.

空手把鋤頭　빈손으로 호미 자루를 잡고
步行騎水牛　걸으면서 물소 등에 올라탄다.
人從橋上過　사람이 다리 위를 지나는데
橋流水下流　다리는 흘러도 물은 흐르지 않누나.

빈손인 채로 호미 자루를 잡고 걸어가는 상태에서 소 등에 올라타는 것은 인간의 기예로는 불가능하다. 그리고 고정되어 흐르지 않는 다리가 흘러가고, 반대로 흘러야 할 물이 흐르지 않는다는 것은 보통 지식으로는 이해할 수 없는 완전히 모순된 것이다.

선의 입장은 스승과 제자 간의 문답으로도 알 수 있듯이 상식의 세계를 초월해 있으며, 망상이나 분별심에 의한 상대적 인식을 벗어나 절대적 인식을 향하고 있다. 때문에 상식으로는 이해할 수 없는 불합리하고 모순된 표현을 사용하는 것이 상례이다.

상식의 세계에서는 절대적 인식의 경지에 이를 수 없다. 깨달음의 절대적 경지에 이르기 위해서는 이 같은 대립적 사고방식을 버리고 무아·무심의 상태가 되어야 한다. 선은 일반적인 지식이나 논리를 부정하고 초월하여 순수한 참지혜를 얻으려 하기 때문에 비논리적 논리의 입장을 취하는 것이다. 절대적 진리에 투철하기 위해서는 비논리적이기보다는 오히려 초논리적인 자세로 임해야 하는 것이다.

부대사의 게송은 모순인 듯하지만, 선의 진리성과 입장을 잘 표현하고 있어서 모순도 없고 불합리도 없다. 그리고 이렇게 볼 때 비로소 부대사의 게송의 의미도 이해할 수 있으리라고 생각한다.

부대사처럼 모순된 표현법을 쓰고 있는 궤변론자로서는 중국 고대의 유명한 혜시(惠施)와 공손룡(公孫龍)이 있다.

혜시는 "오늘 월나라에 가서 어제 도착한다." "날으는 화살은 가지 않는다." "닭은 다리가 세 개다."라고 말했으며, 공손룡은 "흰 말은 말이 아니다."고 말했다. 또 그 밖의 사람들 중에는 "알에는 털이 있다." "흰 개는 검다."라고 말한 사람도 있다.

혜시의 '날으는 화살은 가지 않는다'는 고대 그리스의 사상가 제논의 '날으는 화살은 정지해 있다'와 비슷하다. '닭은 다리가 세 개다'는 형태로서의 다리 두 개와 정신(또는 마음)으로서의 다리를 합하여 세 개라는 것이며, '흰 말은 말이 아니다'는 '희다(색깔)'와 '말(형태)'이 다른 개념이기 때문에 흰 말은 말이 아니라는 것이다.

또 '알에는 털이 있다'는 알이 새가 되기 때문에 이미 알 속에 깃털이 들어 있다는 것이며, '흰 개는 검다'는 보는 눈이 검으면 흰 개도 또한 검게 보인다는 논리이다.

《오등회원五燈會元》

제7화

소나무는 천년을 푸르다 (松樹千年翠)

'소나무는 천년을 푸르다'라는 말은 소나무가 천년의 긴 세월을 지나도록 눈·비·바람을 견디면서도 전혀 그 빛깔이 변치 않는 것(松無古今色)을 말한다.

낙엽수는 싸늘한 가을이 오면 낙엽이 떨어지기 시작해, 눈 내리는 추운 겨울에는 잎사귀 하나도 남지 않는 그야말로 쓸쓸한 모습을 하게 된다. 그러나 소나무는 어떤 기후 변화에서도 시들지 않는 천년의 푸름을 지닌 채 꿋꿋하게 살아 나간다. 정말 소나무는 세월이 흘러도 그 빛깔이 변치 않는다.

다음과 같은 시구가 있다.

"눈이 쌓여도 꺾이지 않는, 계곡의 소나무여!"

이는 깊은 계곡에 사는 소나무는 아무리 눈이 쌓여도 꺾이지 않는다는 뜻으로 소나무의 강인함을 잘 표현하고 있다. 비바람을 견디면서도 천년의 푸름을 지속하고 있는 소나무처럼 역경을 만나도 굴복치 않는 굳센 의지력과 항상 변치 않는 지조가 우리에겐 필요하다.

《허당집》에 이런 말이 나온다.

눈 온 뒤에 비로소 송백(松柏)의 지조를 알고
일의 어려움을 당해서야 비로소 장부의 마음을 본다.

괴로운 환경에 처하더라도 견인불발의 정신으로 이를 극복할 때 비로소 인간의 참된 가치가 드러나는 법이다. 옛사람들은 이를 "고통과 괴로움이 그대를 옥(玉)으로 만든다."라고 하여 스스로를 경계하고 있다.

소나무를 공작(公爵), 잣나무는 백작(伯爵)이라고도 한다. 또 어진 사람과 군자의 덕을 갖추고 있다고 한다. 잣나무 역시 소나무처럼 상록수이다. 송백은 천년 간을 혹한에 시달려도 빛깔이 변치 않기 때문에 장수와 지조의 상징으로 비유되고 있다. 그래서 '추운 겨울의 송백(歲寒松柏)'이라고도 하고 '송백의 지조'라고도 한다.

소나무와 대나무 · 매화를 '겨울의 세 벗(歲寒三友)'이라 하여 잣나무와 더불어 예로부터 훌륭한 나무로 지칭하고 있다. 중국의 고전으로 예법을 기록한 《예기(禮記)》나 사마천의 《사기(史記)》, 그리고 《장자》《포박자》 등에는 소나무를 '천년의 소나무'라 하여 천지의 오래

됨에 비유하고 있다.

소나무가 비바람에 굴복치 않고 천년의 푸름을 간직하고 있다는 것은 불심·불성이 번뇌나 망상에 의해 오염되지 않음을 나타내는 것이다. 옛 고승은 소나무를 부처님으로 보고 솔바람 소리를 부처님의 설법으로 들으면서 이렇게 읊었다.

늙은 소나무 반야를 이야기하고
중생을 제도하는 설법을 불어댄다.
비에 젖은 소나무, 바람 부는 소나무 모두 선(禪)을 설하고
시냇물 소리, 솔바람 소리 전부 법을 설하네.

천년을 변치 않고 견디어 내는 소나무의 강인함과 지조를 지키는 고결함을 배우고, 소나무를 존귀한 부처님의 모습으로 보고, 솔바람 소리를 중생을 제도하는 부처님의 은혜로운 설법으로 들으면서 인간 형성의 바탕으로 삼으면 어떨까?

《속등록續燈錄》

제8화

대나무는 위아래로 마디가 있다
(竹有上下節)

앞에서 언급한 바 있는 "소나무는 세월이 흘러도 그 빛깔이 변치 않는다."와 상대되는 구절이 바로 "대나무는 위아래로 마디가 있다."이다. 대나무는 소나무나 매화와 더불어 추위를 견디는 식물로서, 이를 '겨울의 세 벗'이라 하여 경사에 사용되고 있다.

《벽암록》에도 '남쪽 땅은 대(竹), 북쪽 땅은 나무(木)'라는 구절이 나오듯이 중국 문화는 양자강을 중심으로 남북으로 나누어지며, 특히 대나무는 남쪽 풍물의 특색으로 중국 강남의 문화를 말해 주는 것이라 한다.

대나무하면 또 '죽림정사(竹林精舍)' '죽림칠현(竹林七賢)'이 떠오른다. 노자·장자의 허무(虛無)사상이 성행한 진(晉)나라 때의 은자 칠인은 세속을 피해 죽림에 모여, 술을 마시고 비파를 타면서 오로지 노장의 사상만을 얘기하였다. 사람들은 이를 '청담(淸談)'을 즐긴다고 하였다. 중국 강남에서는 죽림이 청담의 터전으로 되어 있는데, 이런 전설이 있다.

효자 맹종(孟宗)이 대순을 좋아한 돌아가신 어머니를 추모하여 죽림에서 슬피 울었더니 대순이 싹을 내밀었다.(三國志)

이 이야기는 노모 봉양 때문에 염천(醴泉)이 솟아났다고 하는 효자 전설과도 아주 비슷하다.

마조도일(馬祖道一)의 법을 이은 사람 중에 불광여만(佛光如滿) 선사가 있다. 이 불광 선사에게 선의 요체를 익혀 수많은 선객들과 교류한 사람이 당대의 유명한 시인 백낙천(白樂天)이다. 그는 자신이 지은 《양죽기(養竹記)》에서 대나무에 대해 이렇게 읊고 있다.

대나무는 근본이 견고하니, 그 견고함으로써 덕을 심는다. 대나무는 성품이 곧으니, 그 곧음으로써 몸을 세운다. 대나무는 마음이 비어 있으니, 그 빔(空)으로써 도를 본받는다. 대나무는 정절이 있으니, 그 정절로써 뜻을 세운다. 이 때문에 군자는 대나무를 심는다. 대나무는 그 마음이 비어 있으니 내 벗으로 삼고, 물은 성품을 맑게 할 수 있으니 내 스승으로 삼는다.

이 시는 대나무의 특성을 열거하여 대나무가 군자의 특성을 갖추고 있음을 말하고 있다. 대나무의 마디와 마디 사이가 비어 있는 것이 마치 군자의 빈 마음에서 나오는 곧은 절개처럼 보였기 때문에 내 벗으로 삼을 만하다고 말한 것이다.

'대나무는 위아래로 마디가 있다'는 위아래의 질서와 절도를 지켜 누구나 그 질서 속에 안주해야 비로소 평화로운 사회가 이루어진다는 것을 말하기도 한다. 대나무의 견고한 마디는 소나무처럼 비바람에도 굴복치 않는 강인한 의지를 가르쳐 주고 있으며 아울러 서로 협동과 융화해 나갈 것을 가르치고 있다.

대나무의 속이 빈 것과 위아래의 마디는 선가의 무심과 절도 있는 생활을 나타낸다. 이 때문에 선가에서는 '대나무 위아래에 마디가 있다'는 구절을 대단히 소중하게 여기고 있다.

마지막으로 야보도천(冶父道川)의 시 한수를 소개한다.

대 그림자 섬돌을 쓸어도 티끌 하나일지 않고
달이 물밑을 뚫고 있으나 수면에 흔적 하나 남기지 않는다.

《몽창록夢窓錄》

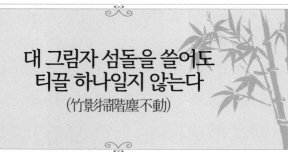

제9화

대 그림자 섬돌을 쓸어도
티끌 하나일지 않는다
(竹影掃階塵不動)

이 시구에 이어지는 대구(對句)는 "달빛이 연못 밑을 뚫어도 물 위에 흔적조차 없다(月穿潭底水無痕)."이다.

조원(祖元) 선사가 열두 살 때 부모와 함께 산사에 놀러 갔다가 한 수좌가 이 두 시구를 읊는 것을 듣고 출가를 결심해 13세에 항주(杭州) 정자사(淨慈寺)로 출가했다. 이렇듯이 이 두 구절은 조원 선사와 깊은 인연이 있다. 다음은 조원 선사의 일화이다.

송나라 말기 원의 군사가 송나라로 대거 침입해 전국이 전쟁에 휘말렸다. 조원 선사가 있던 온주(溫州) 능인사(能人寺)에도 예외 없이 군사들이 난입하였다. 그러나 선사가 태연자약하게 다음과 같은 게송을 읊자 원의 군사는 그의 비범함에 감동하여 물러갔다고 한다.

천지에 지팡이 하나 꽂을 땅이 없으니 기쁘도다,

사람도 비고 법마저 비어 있네.
무거운 대 원나라의 삼 척 검은
번뜩이는 그림자 속에 봄바람을 베누나.

이 천지에 지팡이 하나 꽂을 만한 조그만 땅조차 없다는 것은 자기를 완전히 잊은 경지이다. 그리고 모든 것은 비어 있으니 설사 원나라 군사가 삼 척 검으로 나를 벤다 해도 관계없다. 그것은 마치 섬광이 번뜩이는 순간 봄바람을 베는 것과 같이 순간에 불과한 것이다. 일체가 모두 비어 있는데 무엇이 걱정이겠느냐는 말이다.

이 게송 중에서도 네 번 째 구절은 잘 알려진 유명한 구절이다. 조원선사는 어느 것에도 집착하지 않는, 일체를 싹 비워 버린 자유로운 경지에 있었기 때문에 절대절명의 한계상황에서도 그러한 대응을 할 수 있었다.

대 그림자 섬돌을 쓸어도
티끌 하나일지 않는다.
달빛이 연못 밑을 뚫어도
물 위에 흔적조차 남지 않는다.

이 구절은 사려분별을 쓰지 않고 자연 그대로 일이 행해지는 것이

며, 무애자재하여 흔적을 남기지 않는 임운무작(任運無作 ; 흐르는 대로
맡겨 놓는다)의 묘용을 나타내고 있다. '물 위에 흔적조차 없다'는 것은
'조짐이나 자취를 남기지 않는' 철저하게 대오한 세계이다. 대 그림
자든, 달빛이든, 모두 자기를 몽땅 잊어버린 무아·무심이기 때문에
어느 것에도 집착하지 않고 번뇌망상의 티끌에도 오염되지 않는 해
탈인의 자유로운 세계를 가리킨다.

《진등록普燈錄》

제10화

하루 일하지 않으면 하루 먹지 않는다
(一日不作 一日不食)

"하루 일하지 않으면 하루 먹지 않는다."

이 말은 선수행의 살아 있는 교훈으로서 후세 수행승들에게 많은 영향을 주었을 뿐만 아니라 종교와 시대를 초월하여 현대의 사회생활에서도 가슴에 와 닿는 명구가 아닐 수 없다.

백장(百丈) 선사는 80세가 되었어도 매일매일 일을 했다. 제자들은 스승의 건강을 염려한 나머지 일을 그만두고 정양(靜養)할 것을 권했으나 듣지 않았다. 제자들은 하는 수 없이 일하는 도구를 숨겨 일을 할 수 없게 했다. 이 때문에 백장 선사는 자연 쉬게 되었는데, 3일이나 앉은 채로 식사를 하지 않았다. 제자들이 그 이유를 묻자 백장은 '하루 일하지 않으면 하루 먹지 않는다'고 말하였다. 놀란 제자들이 잘못을 사과하고 일하는 도구를 내놓자 비로소 공양을 했다고 한다.

백장은 유명한 《백장청규(百丈淸規)》를 제정했다. 이 청규의 특색은 일을 중시하는 데 있다. 바로 이때부터 수행자에게 노동의 의무가 부과되어 선 수행과는 떼려야 뗄 수 없는 관계가 되었다.

일 즉 육체노동에는 보청(普請 ; 널리 청함)이라는 규칙이 《백장청규》에 정해져 있다.

"보청의 법은 대체로 상하의 힘을 골고루하는 데 있다."

" 백장선사의 총림요칙 "

1. 총림은 말썽 일으키는 일이 없도록 함으로써 흥성케 한다.
2. 수행은 염불이 가장 온당하다.
3. 정진은 계를 지키는 것이 제일이다.
4. 질병은 식사를 줄이는 것을 약으로 삼는다.
5. 번뇌는 인욕을 깨달음으로 삼는다.
6. 시비는 따지지 않음을 해탈로 삼는다.
7. 대중을 머물게 할 때는 노련함을 지정으로 삼는다.
8. 일을 다룸에는 마음을 다해야 공덕이 된다.
9. 쓸데없는 말을 줄임으로써 단도직입 한다.
10. 장유의 서열에는 자비와 화합으로 덕을 닦는 것으로 삼는다.
11. 학문은 부지런히 배우는 데로부터 시작된다.
12. 인과를 분명히 알면 허물이 없다.
13. 생로병사는 정밀하고 장엄함을 절실함으로 삼는다.

14. 불사는 정밀하고 장엄함을 절심함으로 삼는다.

15. 손님을 접대할 때는 지극정성을 공양으로 삼는다.

16. 산문은 덕이 높고 법랍이 많음을 장엄으로 삼는다.

17. 만사는 미리 대비해야 수고롭지 않다.

18. 대중과 같이 할 때엔 겸손과 공경으로 한다.

19. 위험한 일을 만났을 때는 마음의 집중을 선정력으로 삼는다.

20. 모든 이를 구제할 때에는 자비를 근본으로 삼는다.

이처럼 '널리 청한다'는 것은 모두가 공평하게 힘을 내서 노동에 종사하는 것이다. 일반적으로 보청은 건축·토목공사의 의미로 쓰여지고 있으나, 실제로는 《백장청규》에서 비롯된 선어이다. 백장은 몸으로써 보청을 실천하고 모범을 보인 것이다.

선문에서는 첫째 일, 둘째 좌선, 셋째 경전읽기라고 하는 것에서 알 수 있듯이 특히 일을 중시하고 있다. 일 자체가 선이자 수행이며, 부처의 활동이자 행실인 것이다. 일의 정신을 잊어버린 단순한 노동은 선이 아니다.

'하루 일하지 않으면 하루 먹지 않는다'를 후세 사람들은 '일하지 않는 자는 먹지 말아야 한다'로 해석하고 있는데, 이것은 백장 선사의 말뜻과는 좀 다르다. 아마 누군가가 백장 선사의 말을 약간 바꾸어 뒷부분에 좀 더 강조점을 둔 것 같다. 백장 선사의 말은 일하지 않으면 부처의 활동과 행실을 할 수 없기 때문에 먹지 않는다는 것이지 '먹지 말아야 한다'라는 강제적 명령의 뜻은 아니다.

선에서는 일과 좌선이라는 동정(動靜) 양면의 공부를 중시하고 있다. 백장이 특별히 일을 중시한 것은 당시의 선 수행자들이 노동은 무시한 채 앉아 있기만 하면 참선이 되는 것으로 여기고 있는 데 대한 경고였던 것이다.

《백장청규百丈淸規》

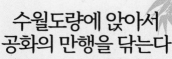

제11화

수월도량에 앉아서
공화의 만행을 닦는다
(坐水月道場 修空華萬行)

'수월(水月)'에 대해 옛사람은 '비추어도 달은 아무 생각 없이 비추고, 물 역시 아무 생각 없이 달빛을 비친다'라고 노래하고 있다. 즉 물과 달은 서로 비추거나 비친다는 의식 없이 물은 물로서, 달은 달로서 아무 걸림이 없는 자유로운 작용을 하고 있다. 물이나 달처럼 언제 어디서나 자연 그대로에 맡길 뿐 아무런 작위 없는 무애자재의 활동을 선가(禪家)에서는 '임운무작(任運無作)의 묘용(妙用)'이라고 한다. 이처럼 선가에서는 어떤 것에도 집착하지 않고 걸림 없이 자유롭게 활동할 수 있는 심경을 확립했던 것이다.

'수월도량에 앉는다'는 말은 물이나 달과 같은 경지에 자리 잡는다는 말이다. '도량'은 앞에서 설명했듯이 석가모니 부처님이 깨달은 장소, 즉 중인도 네란자라 강가 보리수 밑의 금강좌인데, 일반적으로 불도 수행의 장소를 말한다.

'공화(空華 ; 허공 꽃)'는 눈병이 걸렸을 때 침침한 눈으로 허공을 보면 무수하게 날리는 꽃 같은 것을 말한다. 마치 눈앞에서 작은 모기가 공중으로 날아다니는 것처럼 보이는 병과 흡사하다. 공화를 '안화(眼華)'라고도 한다. 무수한 허공 꽃이 공중에 나풀거리면서 어지러이 떨어지는 것을 '공화난타(空華亂墮)'라고 한다. 공화는 병적 현상일 뿐 실제 그 같은 현상은 존재하지 않는다. 이 공화는 마음의 미혹에 의해 일어나는 망상의 환각에 의한 존재이다. 번뇌와 망상에 사로잡히게 되면 실제로는 존재하지 않는 것을 실재하는 것인 양 보게 된다. 요컨대 번뇌·망상을 공화에 비유한 것이다.

'만행'은 팔만사천의 세행(細行)이라 하는데, 여기서는 다양한 행을 가리킨다. 허공 꽃인 망상을 없애고 무심으로 행하는 것을 '공화의 만행을 닦는다'고 한다.

'수월도량에 앉아 공화의 만행을 닦는다'는 경지를 선가에서는 도를 통달한 사람이 만행을 닦으면서도 자취(行相)를 남기지 않는 경계에 비유하고 있다. 이런저런 만행을 하면서 자기가 이룬 것을 뽐내거나, 남이 칭찬해 주고 존경해 줄 것을 기대하는 따위는 자취를 남기고 여전히 집착하고 있는 상태일 뿐 아무리 아름다운 일과 선행을 쌓는다고 해도 무공덕(無功德)이 되고 만다. 양무제가 절을 짓고 불상을 건립하여 불교를 위해 온 힘을 쏟았는데 어떤 공덕이 있느냐고 달마 대사에게 묻자 '무공덕'이라고 말한 것과 마찬가지이다.

물이나 달처럼 무심이 되어 무애자재한 경지에 터를 잡고, 일체를 공으로 달관하여 무공덕에 투철하고, 집착으로부터 벗어나 만행을 해야 한다. 이것이 이 시구의 의미이다. 우리는 번뇌·망상의 허공 꽃을 없애 물이나 달처럼 무심의 경지에 서서 인생을 보내고 싶은 것이다. 마음을 바로하고 맑게 하지 않으면 모든 행은 의의나 가치를 잃어버릴 것이다.

《선림구집禪林句集》

제12화

내 마음은 가을 달과 같고, 푸른 연못은 맑아 희고 깨끗하구나
(吾心似秋月 碧潭淸皎潔)

이 시구를 지은 한산(寒山)은 그의 친구인 습득(拾得)과 함께 당대의 기승(奇僧)으로 알려져 있지만 실재했던 인물인지는 분명치 않다. 그들에 대한 전기가 없는 것을 보면 아마도 실재하지 않았던 전설적인 인물이라고 생각된다.

한산은 그가 머물던 바위산의 이름을 따온 것이며, 습득은 길에 버린 자식을 거둬 길렀기 때문에 그런 이름이 붙여졌다고 한다. 둘 다 성명이나 생몰연대는 자세하지 않고, 빼빼 마른 얼굴에 남루한 의복 그리고 주황빛 가죽 모자를 쓰고 큰 나막신을 신었다고 한다.

그들의 언행은 평범한 사람과는 달리 탈속적인 것이라서 늘 그림의 소재가 되었다. 한산은 빗자루를 들고 서 있으며, 습득은 책을 펴 든 채 서 있는 모습이다. 두 사람이 넉살좋고 둥근 얼굴을 한 모습으로 아무것에도 기대지 않고 서 있는 그림도 발견된다.

한산의 시집이라고 하는 《한산시》(2권)에는 3언 · 5언 · 7언의 시를 모두 합해 311수가 수록되어 있는데, 대부분이 오언율시(五言律詩)이다. 그의 시풍은 탈속적인 선미(禪味)가 있고 시류를 풍자한 것이라서 널리 세인들에게 애송된 격조 높은 것이라 하겠다.

《한산시》에는 선심(禪心)을 설한 시가 많이 있는데, 이러한 시구들은 묘미 있는 명구로서 알려져 있다. 한산은 마음이 마치 맑은 가을 밤하늘에 빛나는 달처럼 시방세계를 환히 비추고 있으며, 푸르고 깊은 연못 밑바닥까지 맑게 통하여 희게 빛나고 있다고 한다. 이는 자신의 마음이 한 점 티끌도 없이 청정무구함을 읊은 것이다.

당대 고승 황벽(黃檗) 선사는 《전심법요》에서 이렇게 말하고 있다.

"마음은 본래 거짓이 없다."

"이 근본의 청정심은 늘 스스로 뚜렷이 밝아서 두루 비추고 있다."

이처럼 마음은 본래 청정무구하고 밝고 진실한 것이기 때문에 망상이나 사념이 없는 고요히 맑은 심경을 티 없는 거울이나 고요한 물에 비유하고 있다. 이 같은 마음은 흔히 말하는 마음이 아니라 마음의 본체로서 '성(性)'이라고 한다. 마음의 마음, 마음의 본질인 성품(性)은 상대적 · 차별적인 것이 아니라 보편적 · 절대적인 순수 자체이다. 이 절대적인 마음은 사심(私心)·미심(迷心)·사념(邪念)이 아니라 진심·도심·본심·불심·불성이며, 육조 혜능이 말하는 '자성(自性)'이다. 또 본래면목, 항상 또렷함(常惺惺), 비고 영특스러워 어둡지 않다(虛靈不昧)라고도 한다.

명월(明月)이나 명경(明鏡)으로 상징되고 있는 유일 절대의 '마음바탕'은 무아무심이면서 차별 없이 비추는 평등성·보편성을 갖고 있다. 한산은 마음을 명월 같다고 하지만, 순수청정하고 원만무결한 마음에 비할 만한 것은 아무것도 없기 때문에 설명할 말도 없는 것이다. 그래서 이 구절 다음에 "비할 만한 것이 없는데, 내 어찌 설할 수 있겠는가(無物堪比倫 敎我如何說)."라고 찬탄하고 있다.

"내 마음은 가을 달과 같고, 푸른 연못은 맑아 희고 깨끗하구나."

이 구절은 한산이 도를 깨달은 경지를 나타낸 것이다. 우리 마음은 과연 가을 달처럼 밝고 맑을 수 있을까? 순수한 인간성의 원점으로 돌아가서 자기를 한번 돌이켜 보아야 하지 않을까?

《한산시寒山詩》

186

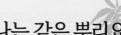

제13화

천지와 나는 같은 뿌리요
만물은 나와 한몸이다
(天地與我同根 萬物與我一體)

이 말은 《벽암록》외에 승조(僧肇)의 《조론(肇論)》에 수록된 <열반무명론>에도 나온다. 또 《장자》에는 "만물과 나는 하나를 이룬다." "만물은 한곳간(萬物一府)"이라는 말이 나온다.

천지만물은 크고 작음, 길고 짧음, 둥글고 모남, 곧고 굽음, 높고 낮음 등 천차만별로 나타나 같은 것이 없다. 그런데 범속한 사람은 이 차별상에 집착해 망상을 일으키고 있다. 이 차별현상의 근원을 무아, 무심으로 찾아가면 일체가 같은 뿌리요 같은 본체임을 발견하게 되어, 천지와 나는 같은 뿌리요 만물은 나와 한 몸이라는 사실을 자각하게 된다. 객관적 현상과 주관적 자아가 일여일체(一如一體)인 경지에 도달하면 차별적 망념이 없어지면서 진실한 모습이 나타난다.

《벽암록》에서는 마조의 법을 이은 남전보원 선사와 육긍(陸亘) 대부(大夫)의 문답에 나온다. 이 문답은 《전등록》8 남전보원장이나 《종용록》91에도 나온다.

　육긍은 남전의 제자로 기봉(機鋒)이 예리한 거사인데, 선기(禪機 ; 선의 기틀, 기미)를 좋아해 자주 선 수행자와 교류했다고 한다. 언젠가 육긍이 남전에게 말했다.

　"승조 법사가 '천지와 나는 같은 뿌리요 만물은 나와 한 몸'이라 한 말은 진정 이해하기가 어렵습니다."

　남전은 뜰에 있는 꽃을 가리키면서 '대부'라 호칭하며 말했다.

　"세상 사람들은 이 꽃을 꿈꾸는 듯한 기분으로 보고 있죠."

　남전이 말한 뜻은 이렇다. 육긍이 '천지와 나는 같은 뿌리요, 만물은 나와 한 몸'이라고 입으로는 깨달은 듯이 말했지만, 실제로는 그 말에 집착하는 꿈의 세계에 있는 진실한 꽃은 보지 못하고 있다는 말이다. 육긍의 자부심이나 집착심을 없애려고 가르침을 베푼 것이라 하겠다. 남전은 육긍에게 자기가 가리킨 꽃에 승조 법사가 말한 진리가 나타나 있지 않느냐고 암시를 했지만 육긍은 이해하지 못했던 것이다. 요컨대 모든 집착을 없애 무아, 무심으로 천지만물을 조망하면 사물의 진실한 모습이 자연스럽게 나타나게 되고, 자기 역시 그 사물에 몰입하여 천지만물과 일체일여(一體一如)가 될 수 있는 법이다. '천지와 나는 같은 뿌리요 만물은 나와 한 몸'이 되는 경지에 도달하는 것이야말로 진정 중요한 것이라 하겠다.

《벽암록碧巖錄》

188

넷·째·마·디

날마다 좋은 날

어느 날 운문 선사가 대중들에게 말했다.
"보름 이전의 일은 묻지 않겠다.
지금부터 보름 이후에
대해 의견이 있으면 말해 보라."
선사의 말에 아무도 대답하는 이가 없었다.
선사가 스스로 대답했다.
"날마다 좋은 날."

제1화

할(喝)

'할(喝:갈이라고도 한다)'은 큰소리로 외치는 것인데, 여러 가지 의미가 있지만 선문에서는 엄하게 꾸짖는 것, 이른바 '큰소리로 한번 호통치는(大喝一聲)' 것을 말한다.

'할'은 오늘날 우리나라에서도 결제(結制)·해제(解制) 때의 법어 등에서도 자주 사용되고 있다.

'할'하면 당나라 때의 고승 임제의현(臨濟義玄)을 가리킬 정도로 임제 선사는 '할'을 많이 활용했다고 한다. 그래서 '임제 할, 덕산 방(德山) 선사는 제자들이 법을 물어 오면 방망이(棒)로 때렸다고 한다. 그래서 임제 할이라는 별명이 붙을 정도였다.

《임제록》에는 "스승께서 즉각 할을 하셨다."는 구절이 8회 정도 나온다. 그런데 실제 '할'을 사용하기 시작한 것은 임제보다 80년 정도 앞선 마조도일(馬祖道一)이 백장회해(白丈懷海)에게 썼던 것이 최초였다고 한다. 당시 마조가 한번 '할'을 하자 백장은 3일 동안 귀가 멍멍하고 눈이 침침해질 정도였다고 한다. 얼마나 우레와 같은 호통소리였는지를 짐작할 수 있다.

《임제록》을 보면 임제는 수행자를 지도하고 설득하는 수단으로 '할'을 4가지로 나눠 쓰고 있다.

①임제의 '할'은 어떤 때는 마치 금강왕(金剛王)의 보검과 같다. '금강'은 '견고하다'는 뜻으로 굳셈(堅)과 예리함(利)의 두 뜻이 있다. 그래서 금강견고(金剛堅固)나 금강불괴(金剛不壞)라고도 하는데, 그 무엇으로도 파괴할 수 없다는 뜻이다. 그리고 이 뜻을 바탕으로 해서 금강심(金剛心 ; 견고한 정신)·금강력(金剛力 ; 강건한 힘)·금강석(金剛石 ; 다이아몬드) 등의 단어가 나왔다. '왕'이란 말은 금강을 인격화한 것이다. 따라서 할을 '금강왕의 보검 같다'고 하는 것은 할이 마치 가장 굳세고 예리한 칼이 되어 미혹과 망상을 끊어 내는 것과 같은 생생한 작용을 하기 때문에 나온 말이다.

②'임제의 할'은 어떤 때는 마치 웅크리고 있는 금빛털의 사자 같다. 금빛털을 한 백수의 왕 사자가 땅에 웅크리고서 먹이를 잡아채려는 긴박한 순간의 위엄스런 모습은 주위에 위압감을 주는데, '임제의 할' 역시 그 같은 위엄을 나타낸다.

금빛털 사자의 위엄을 나타낸 것으로는 당나라 말기 운문종의 시조인 운문문언(雲門文偃)이 한 수좌(선원에서 참선하는 스님 즉 선승을 가리킴)에게 대답한 '금모사자(金毛獅子)' 공안이 《벽암록(碧巖錄)》 제39칙에 나온다.

③ '임제의 할'은 어떤 때는 탐간영초(探竿影草) 같다. 탐간(探竿)은 어부가 고기를 잡는 데 쓰는 도구이며, 영초(影草)는 물 위에 떠 있는 풀이다. '탐간영초'란 낚싯대 끝에 두견새 깃털을 달아 물속을 헤쳐서 고기를 물풀 아래로 유인해 모으는 것을 말한다.

한편 탐간영초는 도둑이 쓰는 도구라고도 한다. 즉 죽간(竹竿)이나 영초(도롱이 · 지푸라기 인형)로써 집안을 염탐해 도둑질하는 것이다. 아무튼 탐간영초의 비유는 상대의 모습을 엿보기 위해 탐색하는 것을 말하는데, 이 뜻이 변하여 스승이 수행자의 내면을 살펴서 그를 시험하는 의미로 쓰인다. 상대의 역량을 파헤쳐 꿰뚫어 보고야마는 예리한 일갈이다.

④ '임제의 할'은 어느 때는 일갈(一喝)의 작용도 하지 않는다. 이것은 '임운자재(任運自在)의 할'이거나 '임운무작(任運無作)의 할'이라고 하듯이 자연 그대로에 맡겨 어떤 조작도 가하지 않는 일갈이다. 더욱이 '무공용(無功用)의 할'이라고도 하는데, 이 역시 조작이 없는 자연

의 작용에 맡길 뿐 사려분별을 하지 않는 일갈이다. 이 할을 '할 없는 할' 즉 '무할(無喝)의 할'이라고 한다. 이 네 번 째 할은 최상급의 일갈이며, 여기에 임제 방편의 오묘함이 있다.

임제의 '일갈'을 뚫지 못하면 선의 극치를 맛볼 수 없다. '할'은 뜻이 없는 말이지만, 뜻이 없는 그 속에 진리가 번뜩이고 있으며 선의 진수가 담겨 있다. '할'은 깨달음의 심경 자체를 표현하고 있기 때문에 박력이 있으며 예리한 감동마저 준다. 하지만 단순히 상투적이고 흉내만 내는 요즈음 선승들의 '할'은 살아 있는 작용이 없는 무의미한 할이라고 하겠다.

《임제록臨濟錄》

제2화

여시 (如是)

모든 불교 경전의 앞머리는 '여시아문(如是我聞 ; 이와 같이 나는 들었다)'으로 시작하는데, 여기서 말하는 여시아문은 어느 경전이든 경전의 앞머리에 나오는 정형구(定型句)이다. 여시아문은 부처님이 입멸하고 나서 부처님의 설법을 결집할 때, 부처님의 설법을 가장 많이들은 아난다가 부처님으로부터 직접 말씀을 들었다(如是我聞)고 알린 데서 유래한다. 이 말을 경전 맨 앞머리에 둔 것은 사람들에게 신뢰감을 주기 위해서다. 여시라는 말은 《선원몽구》 외에 《금강경》 앞머리에도 나오고 있다.

《법화경(法華經)》 <방편품>에는 여시상(相) · 여시성(性) · 여시체(體) · 여시력(力) · 여시작(作) · 여시인(因) · 여시연(緣) · 여시과(果) · 여시보(報) · 여시본말구경(本末究竟) 등의 같은 10여시(十如是)가 나온다. 이것은 우주의 모든 현상을 10가지 측면에서 관찰한 것이다. 일체의 현상은 모두 10여시를 갖추고 있다고 한다. 이 10여시가 지자(智者) 대사가 창립한 중국 천태종의 세계관이자 현상론이며, 천태종의 모든 가르침은 바로 이 10여시로부터 나오고 있다.

여시는 모든 경전에서 흔히 나오고 있는데, 이와 같은 뜻을 지닌 말로는 여여(如如)나 시시(是是) 등의 선어가 있다. 《금강경》에는 '여여부동(如如不動 ; 그만 그대로 움직이지 않는다)'이라는 말이 나온다.

'여시'는 '이와 같이' '이렇게' 또는 '이대로' '그대로' 등의 뜻을 갖고 있다. 《선원몽구》에는 "앙산(仰山)이 여시여시(如是如是)라고 했다."라는 말이 나오는데, 이때의 여시여시는 '그대로 그대로' '그렇다 그렇다'의 뜻으로 여시와 마찬가지로 긍정적인 의미를 지니고 있다.

여시에는 몇 가지 해석이 있다.

①경전 맨 앞머리에 나오는 여시아문의 여시이다. '이와 같이 들었다'고 함으로써 부처님의 설법을 믿어 의심치 않는다는 뜻을 나타내고 있다.

②우주만물의 늘 변치 않는, 있는 그대로의 진실한 모습을 나타낼 때 쓰는 말이다.

③'좋다' '그렇다'의 의미로 다른 사람의 말을 긍정하고 찬성할 때 사용한다.

④스승이 제자의 깨달은 경지를 인가(印可)하고 증명할 때 쓴다.

이미 설명했듯이 '여시'는 '그대로' '이렇게'의 뜻으로, 어느 누구도 의심하거나 속일 수 없는, 있는 그대로의 진실한 모습이다. 하늘은 높고 땅은 낮다, 기둥은 세로요 문지방은 가로다, 물은 차고 불은 뜨겁다, 새는 날고 물고기는 헤엄친다, 눈은 가로로 찢어졌고 코는 세로로 서 있다 등 실로 만물은 있는 그대로의 변치 않는(如是如是 如是不動) 모습을 하고 있다.

중국에서 가장 오래된 시집인 《시경(詩經)》에는 다음과 같은 구절이 나온다.

"솔개는 하늘에서 날고 물고기는 물속에서 뛰논다."

이 말은 공자의 손자인 자사(子思)가 지은 《중용(中庸)》에도 나오는데, 중용의 도(道)가 광대하면서도 빈틈이 없음을 표현한 말이다. '솔개가 날고 물고기가 뛰노는' 것도 '여시'의 모습을 나타낸 말이라 하겠다.

있는 그대로의 상태는 잘못 보면 사물의 참모습이 아니기 때문에 여시라고는 말할 수 없다. 인간도 제각기 자기에 맞는 환경과 자기 능력에 따른 입장에 서서 삶을 영위하는 것이다. 있는 그대로의 참모습을 거역치 않고 그대로(如如) 받아들이는 것이 바로 여시이다. 전도된 거짓 모습은 여시 · 여여의 상태가 아니다. 있는 그대로의 자연 상태를 거스를 때 파멸을 맞이하게 될 것이다. 무심히 있는 그대로의 상태로 존재하는 것이 바로 여시이다. 서로서로 인정하고 긍정하는 여시의 상태는 인간관계를 좋게 하여 세계평화에도 기여할 수 있는 것이다.

《선원몽구禪苑蒙求》

제3화

외눈 (一隻眼)

일반적으로 한 가지 재주나 예능에 탁월한 식견을 가진 사람을 외눈(一隻眼)을 갖췄다고 하는데, 선어에서는 그 의미가 다르다. 눈은 통상 양쪽에 붙어 있지만 '일척안'은 하나의 눈 즉 외짝 눈을 말한다. 좌우 두 눈 외에 또 하나의 눈이 붙어 있는 것이다. '정수리의 눈(頂門眼)'이라 하여 두 눈 위의 정수리에 외눈이 있다고 한다. 인도 종교의 최고신으로 세계를 창조한 대자재천(大自在天)은 정수리의 눈을 포함해 세 개의 눈을 갖고 있다. 보통 사람의 두 눈 외에 정수리에 있는 외눈은 지혜로써 일체 사물을 보는 특수한 능력을 가지고 있다. 일반적으로 재앙과 병을 없애고 목숨을 연장시켜 주는 보살로 널리 숭앙받고 있는 준제관음(准提觀音)도 세 눈을 갖추고 있으며, 18개의 팔(十八)을 가진 보살이라고도 한다. 천인(天人)의 눈이나 용의 눈을 뜻하는 천안용정(天眼龍睛)은 보통 사람의 능력을 초월한 비범한 투시력을 갖고 있는 눈을 말하는데, '일척안' 역시 그 같은 비범한 초능력을 갖춘 눈이다.

훌륭한 식견이나 비범한 견해를 갖춘 것을 선가에서는 정수리에 눈이 있다(頂門有眼)' '정수리에 외눈을 갖추고 있다(頂門具一隻眼)' '밝은 눈의 선승(明眼衲僧)'이라고 하는데, 이런 구절은 《벽암록》에 나온다. 일척안은 정수리의 눈'으로 '바른 눈(正眼)' '올바른 법의 눈(正法眼)' '마음의 눈(心眼)' '살아 있는 눈(活眼)' '밝은 눈(明眼)' '금강의 눈(金剛眼)'이라고도 하는데, 깨달음의 경지에 도달한 사람을 말한다.

불교에서는 '육체의 눈(肉眼)' '천인의 눈(天眼)' '지혜의 눈(慧眼)' '법의 눈(法眼)' '부처님의 눈(佛眼)'의 다섯 눈을 설하고 있다. '육안'은 보통 사람이 갖고 있는 육체적인 두 눈이다. '천안'은 천인이 갖춘 미래를 예지하는 영적인 눈으로, 천안통(天眼通) 또는 천안명(天眼明)이라 한다. '혜안'은 지혜의 눈으로 일체개공(一切皆空 ; 일체만유가 공하다)의 이치를 살피는 눈이다. '법안'은 우주만물의 이치를 비춰 보는 눈인데, 차별계(差別界)의 실상을 보는 지혜의 눈이다. '불안'은 부처님의 마음으로, 모든 법의 실상을 비춰 보는 깨달은 자의 성스런 눈이다. 또 다섯 눈 외에 지안(智眼)·명안(明眼)·출생사안(出生死眼)·무애안(無碍眼)·보안(普眼) 등을 덧붙여 열 눈을 설하는 경우도 있는데, 다섯 눈과 대비해 보면 결국 다섯 눈으로 귀착된다.

외눈은 앞에서 열거한 다섯 눈이나 열 눈의 기능을 갖추고 있으면서 흐름에 맡겨 자유로운(任運自在), 살아 있는 작용을 한다. 이 눈은 자유롭고 걸림이 없어 일체를 남김없이 비추어 보는 능력을 갖춘 눈이다.

천안통은 육신통(六神通)의 하나로 육안으로 볼 수 없는 것을 보는 능력으로 곧 인간 세상의 일체의 생사고락의 일과를 가지가지의 형(形)과 색(色)을 밝게 내다볼 수 있는 자유자재한 힘을 말하며 형상 있는 것으로부터 아무런 장애도 받지 않고 훤히 꿰뚫어 볼 수 있는 힘을 말한다.

육신통에는

(1) 신족통(神足通). 마음대로 갈 수 있고 변할 수 있는 능력.

(2) 천안통(天眼通). 모든 것을 막힘없이 꿰뚫어 환히 볼 수 있는 능력.

(3) 천이통(天耳通). 모든 소리를 마음대로 들을 수 있는 능력.

(4) 타심통(他心通). 남의 마음속을 읽을 수 있는 능력.

(5) 숙명통(宿命通). 나와 남의 전생을 아는 능력.

(6) 누진통(漏盡通). 번뇌를 모두 끊어, 내세에 미혹한 생존을 받지 않음을 아는 능력.

다섯 가지는 수행을 열심히 하면 이룰 수 있지만 누진통은 부처를 이루어야만 누릴 수 있다고 한다.

《벽암록碧巖錄》

제4화

대낮의 도둑 (白拈賊)

"대낮의 도둑."

이 말은 설봉(雪峰) 선사가 임제 선사의 탁월함을 놓고 한 말이다. 설봉 선사는《벽암록》제73칙 평창(評唱)에서 "임제는 마치 대낮의 도둑과 같다."고 했다.《대지게송》에서는 석가모니 부처님의 탄생을 찬탄하면서 '석가 큰 도적'이라는 말이 나온다.

'백념적'은 '대낮에 남의 물건을 취하는 간 큰 도적'이라는 뜻이다. 또는 '백(白)'을 '없다'는 뜻으로 해석해서, 칼 같은 것을 쓰지 않고 훔치는 도적이라는 뜻으로도 쓰인다. '백념교투(白拈巧偸)'라는 말은 대낮에 남의 물건을 교묘히 빼내는 도둑질을 의미하는데, 특히 대낮에 당당히 도둑질할 만큼 간 크고 재빠른 자를 비유하기도 한다. 이 의미가 선구(禪句)로 옮겨져서 남의 눈에 띄지 않는 대기대용(大機大用 ; 크나큰 작용, 생생하게 살아 있는 탁월한 교화수단을 말함)을 '백념적' 즉 '대낮의 도둑'이라 한다.

임제 선사가 우주의 참모습을 네 가지 범주로 나눈 우주론으로 유명한 '사료간(四料揀)'이 있다. '주체는 빼앗되 대상은 빼앗지 않는다(奪人不奪境)' '대상은 빼앗되 주체는 빼앗지 않는다(奪境不奪人)' '주체와 대상 모두 빼앗는다(人境兩俱奪)' '주체와 대상 모두 빼앗지 않는다(人境俱不奪)' 등이 그것이다. 여기서 나오는 '탈인(人은 나, 주관)' '탈경(境은 대상, 객관)'이라는 말은 제각기 주관·객관을 빼앗는, 다시 말해서 주관·객관을 부정하는 것이다.

선문에서는 "망상을 부리지 말라." 또는 "일체를 놓아 버려라."라고 한다. 이 말은 삿된 생각이나 망상·분별심 등을 완전히 씻어내 임제가 말하는 탈인·탈경의 무아(無我)·무심(無心)의 상태가 되는 것을 말한다.

이처럼 중생이 갖고 있는 번뇌망상을 알지 못하는 사이에 빼앗아서 본래의 순수한 인간으로 되돌리는 대도사(大導師)를 선자(禪者)라 한다. 남의 눈에 띄지 않는 교묘한 작용(大機大用)을 갖춘 선 수행자를 '대낮의 도둑'에 비유한 것이다. 그래서 석가모니 부처님이나 임제 선사가 사람들의 번뇌망상을 교묘히 제거하는 것을 찬탄해서 '석가모니 부처님은 대낮의 도적' '임제는 마치 대낮의 큰 도적과 같다'고 말한 것이다.

실로 조사들은 '대낮의 도둑'처럼 날쌔고 잽싸게, 그리고 누가 미처 보지도 못하는 사이에 중생을 제도하는 탁월한 선자이자 대도사이다. 선자는 모름지기 '대낮의 도둑'이 되어서 선문의 사명을 완수해야 한다. 이 '백념적'을 일상의 좌우명으로 삼아 오로지 불도에 전념하는 선 수행자를 보게 되는데, 이는 진실로 수승한 일이며 선문을 위해서도 다행한 일이라 하겠다.

《벽암록碧巖錄》

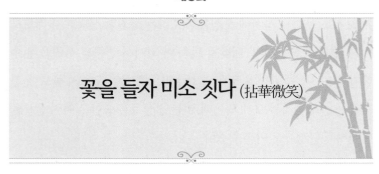

제5화

꽃을 들자 미소 짓다 (拈華微笑)

'염화미소'의 이야기는 중국에서 찬술된 《대범천왕문불결의경(大梵天王問佛決疑經)》에 보이는데, 그 경의 진위문제에 관한 이론이 많지만 현재는 위경(僞經)으로 보고 있다. 그러나 법을 전하는 선의 입장에서는 이러한 진위문제를 지엽적인 일로 보고 있다.

부처님이 어느 날 왕사성 근처 영취산(靈鷲山)에서 설법하기 위하여 모습을 보였다. 평소처럼 일반 대중들은 부처님의 설법을 기대하고 있었다. 그런데 이날은 한마디 말도 하지 않고, 묵묵히 곁에 있는 꽃 한 송이를 들어 대중들에게 내밀었다. 앞에 있던 대중들은 멍하니 그것이 무슨 뜻인지 알 수 없어 쳐다만 보고 있었다. 그때 부처님의 십대제자 중의 한 사람인 가섭(迦葉) 존자가 그 뜻을 알아차리고 빙그레 미소를 지었다.

부처님은 가섭 존자의 미소를 보고 비로소 설하였다.

"**나의 정법안장**(政法眼藏 ; 바른 법의 눈) · **열반묘심**(涅槃妙心 ; 열반의 미묘한 마음) · **실상무상**(實相無相 ; 참 모습은 모습이 없다) · **미묘법문**(微妙法門 ; 미묘한 법문) 등은 **교리**(敎理) 밖에 **따로 전해지는 것인데**(敎外別傳) 이것을 가섭에게 **부촉**(付囑) 한다."

이는 석가모니 부처님의 대법(大法)을 가섭에게 전한다는 뜻이다. '염화'는 꽃을 손에 드는 것이며, '미소'는 빙그레 웃음을 떠올리는 것이다. 이 '염화미소'의 설화로부터 '불립문자' '교외별전'의 전등(傳燈 ; 법의 계승을 등불을 이어주는 것에 비유함)이 시작되는 것이다. 이 이야기는 선이 융성한 송나라 때부터 선문에서 활발히 전승되고 있으며, 수행자에게 하나의 공안으로까지 부과되었다.

석가모니 부처님이 금바라와 한 송이의 꽃을 손에 들고 일반 대중에게 보인 것은 말이 아닌 꽃을 듦으로써 직접 대법(大法 ; 부처님의 마음)을 보여 주기 위해서였다. 깨달음의 경지는 언어나 문자로 표현될 수 없기 때문에 그러한 방법을 취한 것이다. 일반 대중에게 보인 꽃은 단순한 꽃이 아니라 대법 자체이며, 불심 자체이다. 석가모니 부처님이 꽃을 들었을 때 가섭 존자가 미소를 지은 것은 석가모니 부처님의 마음과 가섭 존자의 마음이 일체가 되었음을 보여 준다. 이것이 바로 '마음에서 마음으로 전하는(以心傳心)'것이다. 이 '이심전심'

은 선의 생명이다. 선문의 조사들은 염화미소를 필두로 언어나 문자에 의하지 않고 대법을 전해 왔던 것이다.

우리도 한 송이 꽃을 손에 들거나 빙그레 미소 지을 수는 있을 것이다. 하지만 이 염화미소에는 말없는 가운데 인생의 진실이 말해지고 있으며, 불심이 전해지고 있다.

범부들에게는 어려운 알아차리기 버거운 법문이다. 아마도 타심통을 하지 않으면 알 수가 없을 것이다. 많은 대중들이 그랬듯이 멍하니 바라 볼 수밖에. 이심전심 염화미소를 깨달을 때까지 무한 정진을 해야 한다. 부처를 이룰 때가지.

《무문관無門關》

제6화

열반묘심 (涅槃妙心)

'열반묘심' 역시 정법안장처럼 석가모니 부처님이 가섭 존자에게 법을 전할 때 한 유명한 말이다.

'열반'은 산스크리트어 니르바나(nirvāna)를 음역한 것이다. 의역으로는 멸(滅) · 적(寂) · 원적(圓寂) · 적멸(寂滅)이라 한다. 니르바나의 어원은 '불어 끈다'는 뜻이다. 즉 번뇌 · 망상의 불을 없애는 것, 또는 그 불이 꺼진 상태를 말한다. 이 상태는 번뇌 · 망상의 속박을 벗어나 걸림 없이 자유로운 적정의 상태이다. 석가모니 부처님의 평생 설법을 모은 아함경(阿含經 ; 가장 오래된 불교경전)에서는 탐욕 · 성냄 · 어리석음(이를 삼독(三毒)이라 함)을 완전히 없앤 상태를 열반이라 한다. 요컨대 열반은 무애자재한 깨달음의 절대적 경지에 들어간 안락한 상태이다. 이 위대한 열반의 경지를 석가모니 부처님 열반 전후의 사적을 기록한《열반경》에서는 이렇게 서술하고 있다.

"열(涅)은 불생(不生 ; 생기지 아니함), 반(槃)은 불멸(不滅 ; 사그라들지 아니함)이니 불생불멸을 대열반이라고 부른다."

또 위대한 역경승 구마라집(鳩摩羅什)의 4대 제자 중 하나인 승조 (僧肇) 법사는 자신의 저서《조론(肇論)》에 수록된 <열반무명론(涅槃無 名論)>에서 이렇게 말하고 있다.

"이미 나고 죽음(生死)이 없고, (중략) 허공과 그 덕을 합한, 이것을 열반이라 부른다."

열반에는 유여열반(有餘涅槃)과 무여열반(無餘涅槃)이 있다. '유여열 반'은 탐욕·성냄·어리석음 삼독을 완전히 끊긴 했지만, 아직 육체 적 측면이 남아 있는 상태다. 무여열반은 육신도 사라진 고요한 경지 이다. 즉 육신의 제약을 완전히 벗어난, 영원히 안락한 경지로서, 깨 달은 자의 죽음(入滅, 入寂)을 말한다. 고요하고 안락한 죽음에 드는 것을 '열반에 든다(入涅槃)'고 한다. 소승불교(중생 구제를 목표로 하는 대 승불교에서는 소승불교가 자기만의 수행 완성을 위한 수단만 중시한다고 비난 한다)에서는 마음과 몸 모두의 소멸을 이상으로 삼으며, 마음과 몸의 있고 없음에 따라서 유여열반과 무여열반으로 나누고 있다.

열반은 불교의 궁극적인 이상이며, 이 경지를 '열반적정(열반의 고요함)'이라 한다. 열반은 모든 번뇌·망상의 속박에서 벗어나 무애자재한 깨달음을 얻은 고요하고 편안한 상태이기 때문에 '해탈(解脫)'이라고도 한다. 즉 해탈은 열반의 다른 이름인 것이다.

'묘심'은 쉽게 알아낼 수 없는 뛰어난 마음을 의미한다. 언어·문자를 단절한, 깨달은 심경이기 때문에 묘심이라고 말한다. 깨달음의 경지에 든 묘심은 무애자재한 마음이며, 시간·공간을 초월하고, 과거·현재·미래에까지 미치고, 언제 어디서나 영원토록 충만해 있는 광대무변한 불심인 것이다. 열반도 마찬가지로 불심을 가리키며, 열반묘심이나 정법안장도 모두 불심을 가리키는 말이다.

묘심은 깨달은 마음이며 부처님의 마음으로, 혜능 대사가 말한 '자성(自性)'이다. 이 묘심·자성·도심 등은 모두 같은 말로서 본래부터 청정무구하고, 밝고 신령스러우며, 진실하여 거짓됨이 없는 것이다. 이 영성으로서의 마음은 선과 악, 바르고 삿됨의 대립을 끊은 순수한 지선(至善) 그 자체이다. 본래부터 나지도 않고 소멸하지도 않으며, 늘지도 않고 줄지도 않으며, 변하지도 않고 바뀌지도 않으며, 형상도 없고, 소리나 냄새도 없는(不生不滅, 不增不滅, 不變不易, 無形狀無聲臭), 언어로는 표현할 길이 없는(言慮不及) 절대적 경지이다. 어느 선사는 이렇게 말한다.

"마음에는 모습이 없다. 모습이 없기 때문에 소멸하지 않는다. 따라서 낳을 것도 없고 죽을 것도 없다."

또 혜능 대사는 《육조단경》에서 이렇게 말한다.

"심량(心量)은 광대하기가 허공과 같아서 끝닿는 데가 없다. 또 둥글지도 네모나지도 않고 크지도 작지도 않다. 위도 아래도 없고 길고 짧음도 없다. 옳음도 그름도 없으며 선도 악도 없다. 머리도 없고 꼬리도 없다."

임제 선사의 스승 황벽희운(黃檗希運) 선사는 《전심법요(傳心法要)》에서 이렇게 말한다.

"애시당초 이 마음은 생긴 적도 소멸한 적도 없다. 형상도 없고 유무(有無)에 속하지도 않는다. 길지도 짧지도 않으며, 크지도 작지도 않다. 한정적인 상대적 명구(名句)나 대립을 초월한다."

옛사람은 '마음이 무엇일까? 눈으로는 천지가 하나의 잔(杯)임을 보지 못하네.'라고 읊고 있다. 이처럼 작은 분별을 버리고 마음을 확장하여 천지를 일개 잔으로 보는 대우주심이 되어야 한다. 그렇게 할 때 새롭고 광활한 천지가 전개될 것이다. 황벽 선사나 혜능 대사는 물론 선교일치론(禪敎一致論)을 주창한 규봉종밀(圭峰宗密) 선사도 영성으로서의 마음에 대해 구체적으로 해명하고 있다.

《무문관無門關》

제7화

상락아정 (常樂我淨)

'상락아정'은 열반에 갖춰진 네 가지 덕(涅槃四德)을 말한다.

'상(常)'은 항상 머물러 소멸하지 않는다는 뜻으로 열반이 시간·공간을 초월하여 생멸변화가 없는 덕을 갖추고 있음을 말한다.

'낙(樂)'은 안락의 뜻으로, 생멸변화가 없는 세계는 생사의 고통을 벗어난 적정무위(寂靜無爲)의 안락한 덕을 갖추고 있음을 말한다.

'아(我)'는 참 나의 뜻으로, 망령되게 집착하는 나를 벗어난 무애자재한 영지(靈知)의 덕을 갖추고 있음을 말한다.

'정(淨)'은 청정의 뜻으로, 번뇌망상의 더러움을 남김없이 소멸시켜 청정무구한 덕을 갖추고 있음을 말한다. 여기의 '열반'은 육체적 사멸에 의한 고요함이 아니라 번뇌망상을 완전히 없애 버린 깨달음의 경지를 말한다.

초기불교에서는 현상적인 세계를 무상(無常, 항상되지 않음)·고(苦, 괴로움)·무아(無我, 본질이 없음)와 부정(不淨, 깨끗하지 않음)으로 파악하였다. 이러한 세계를 상(常, 항상됨), 락(樂, 즐거움), 아(我, 본질을 지님), 정(淨, 깨끗함)이라고 보는 관점을 '네 가지 뒤바뀐 견해'라 하여 '사전도(四顚倒)'라 한다. 즉 범부가 자신과 세계를 무상하고 괴롭고 무아이며 부정하다고 보는 것이 아니라 영원하고 즐겁고 항상하는 자아가 있고 깨끗하다고 보는 것을 말한다. 대승 이전의 불교는 이러한 전도된 생각에 집착하여 괴로움이 일어난다고 보았다. 이에 사전도에 대치되는 수행법으로 사념처(四念處) 등이 제시된다. 범부가 유위법(有爲法)을 상락아정으로 보면 탐욕이 제거되지 않고, 유위법을 무상·고·무아·부정으로 보게 될 때 탐욕 등이 소멸한다고 한다.

이에 반해 대승불교의 『대반열반경(大般涅槃經)』, 『여래장경(如來藏經)』 그리고 『승만경(勝鬘經)』 등은 이전 불교에서 비판했던 상락아정을 불성과 여래장에 적용시켜 설명한다. 예컨대 『승만경』에서 상락아정은 전도견(顚倒見)이 아닌 정견(正見)이라 한다. 나아가 여래의 법신은 상바라밀(常波羅密), 낙바라밀(樂波羅密), 아바라밀(我波羅密), 정바라밀(淨波羅密)로 설한다. 열반사덕은 성문(聲聞)과 연각(緣覺)은 헤아릴 수 없는 경계라고 하는데, 그 이유는 성문과 연각이 여래의 법신에 대해 알지 못하기 때문이라 한다. 또한 상락아정을 무상·고·무아·부정으로 보는 것은 중생들의 전도된 견해에 지나지 않는다고

212

한다.

마찬가지로 『대반열반경』은 붓다의 몸이 법신과 반야, 해탈로 이루어져 있기 때문에 상락아정이라고 한다. 따라서 무아인 것은 윤회하는 중생이고 아(我)는 여래이며, 무상한 것은 성문과 연각이고, 상(常)인 것은 법신이며, 열반은 낙(樂)의 경지라 한다. 마찬가지로 부정한 것은 유위법이며, 정(淨)한 것은 붓다와 보살의 법이라고 상락아정을 설명한다.

《열반경》은 부처님이 열반에 드는 것을 설한 경전이며, '대반열반(大般涅槃)'은 위대한 열반이란 뜻으로 '대멸도(大滅度)'라고도 한다.

《大般涅槃經》'상락아정'은 열반에 갖춰진 네 가지 덕(涅槃四德)을 말한다. '상(常)'은 항상 머물러 소멸하지 않는다는 뜻으로 열반이 시간·공간을 초월하여 생멸변화가 없는 덕을 갖추고 있음을 말한다. '낙(樂)'은 안락의 뜻으로, 생멸변화가 없는 세계는 생사의 고통을 벗어난 적정무위(寂靜無爲)의 안락한 덕을 갖추고 있음을 말한다. '아(我)'는 참 나의 뜻으로, 망령되게 집착하는 나를 벗어난 무애자재한 영지(靈知)의 덕을 갖추고 있음을 말한다. '정(淨)'은 청정의 뜻으로, 번뇌망상의 더러움을 남김없이 소멸시켜 청정무구한 덕을 갖추고 있음을 말한다. 여기의 '열반'은 육체적 사멸에 의한 고요함이 아니라 번뇌망상을 완전히 없애 버린 깨달음의 경지를 말한다.

초기불교에서는 현상적인 세계를 무상(無常, 항상되지 않음)·고(苦, 괴로움)·무아(無我, 본질이 없음)와 부정(不淨, 깨끗하지 않음)으로 파악하였다. 이러한 세계를 상(常, 항상됨), 락(樂, 즐거움), 아(我, 본질을 지님), 정(淨, 깨끗함)이라고 보는 관점을 '네 가지 뒤바뀐 견해'라 하여 '사전도(四顚倒)'라 한다. 즉 범부가 자신과 세계를 무상하고 괴롭고 무아이며 부정하다고 보는 것이 아니라 영원하고 즐겁고 항상하는 자아가 있고 깨끗하다고 보는 것을 말한다. 대승 이전의 불교는 이러한 전도된 생각에 집착하여 괴로움이 일어난다고 보았다. 이에 사전도에 대치되는 수행법으로 사념처(四念處) 등이 제시된다. 범부가 유위법(有爲法)을 상락아정으로 보면 탐욕이 제거되지 않고, 유위법을 무상·고·무아·부정으로 보게 될 때 탐욕 등이 소멸한다고 한다.

이에 반해 대승불교의 『대반열반경(大般涅槃經)』, 『여래장경(如來藏經)』 그리고 『승만경(勝鬘經)』 등은 이전 불교에서 비판했던 상락아정을 불성과 여래장에 적용시켜 설명한다. 예컨대 『승만경』에서 상락아정은 전도견(顚倒見)이 아닌 정견(正見)이라 한다. 나아가 여래의 법신은 상바라밀(常波羅密), 락바라밀(樂波羅密), 아바라밀(我波羅密), 정바라밀(淨波羅密)로 설한다. 열반사덕은 성문(聲聞)과 연각(緣覺)은 헤아릴 수 없는 경계라고 하는데, 그 이유는 성문과 연각이 여래의 법신에 대해 알지 못하기 때문이라 한다. 또한 상락아정을 무상·고·무아·부정으로 보는 것은 중생들의 전도된 견해에 지나지 않는다고 한다.

마찬가지로『대반열반경』은 붓다의 몸이 법신과 반야, 해탈로 이루어져 있기 때문에 상락아정이라고 한다. 따라서 무아인 것은 윤회하는 중생이고 아(我)는 여래이며, 무상한 것은 성문과 연각이고, 상인 것은 법신이며, 열반은 낙(樂)의 경지라 한다. 마찬가지로 부정한 것은 유위법이며, 정(淨)한 것은 붓다와 보살의 법이라고 상락아정을 설명한다.

《열반경》은 부처님이 열반에 드는 것을 설한 경전이며, '대반열반(大般涅槃)'은 위대한 열반이란 뜻으로 '대멸도(大滅度)'라고도 한다.

《대반열반경大般涅槃經》

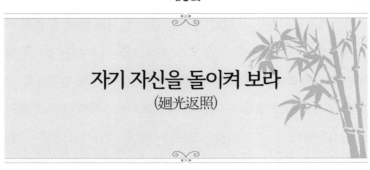

제8화

자기 자신을 돌이켜 보라
(廻光返照)

‘회광반조(廻光返照)’는 ‘빛을 돌이켜 되비춘다’ 또는 ‘그냥 되돌아 본다’는 뜻이다. 여기서 ‘회(廻)’는 전환, ‘광(光)’은 광명으로 불심·불성·본심을 가리키고, ‘반조(返照)’는 석양빛이 되비추는 것을 뜻한다. 따라서 ‘회광반조’는 밖으로 찾는 마음을 안으로 돌이켜 본심, 즉 불성을 비춰 보는 것을 말한다. 밖을 향해 찾는 마음을 뒤집어 안으로 자기를 반성해서 자아(自我), 본래면목을 보는 것이다.

그런데 밖을 향해 찾는다는 것은 무엇을 말하는 것인가. 그것은 바로 진리와 자아의 발견을 먼 곳에서 찾으려고 하는 것을 말한다. 또 언어나 문자에 의해 자기를 찾으려고 하는 것을 말하기도 한다.

임제는 이렇게 말한다.

"그대는 말 떨어지자마자(言下) 회광반조하고 다시는 찾지 말라."

황벽 선사는 이렇게 말한다.

"영각성(靈覺性)은 언어로 파악해서는 안 된다."

이처럼 조사들은 언어문자에 의한 방법 즉 밖에서 찾는 방법으로 본심·불성을 보려고 하는 짓은 잘못이라고 하여 '불립문자' '교외별전'이라는 선의 입장을 강조하고 있다.

그런데 이처럼 "자기 자신을 돌이켜 보라."는 말은 비단 선문에서만 사용되는 명구가 아니라 우리의 일상생활에서도 늘 자기 자신을 돌이켜 보는 자세가 필요하다. 자기 자신의 관리에 소홀히 할 때, 우리는 어느새 방탕과 허영에 사로잡혀 자기 자신의 분수를 상실한 채 외형의 화려함과 사치, 헛된 명예에 빠져 스스로를 망쳐 버리는 모습을 자주 볼 수 있다.

인간상실·인간소외의 사회에서는 잃어버린 순수한 인간성을 회복하고 주체성을 확립하는 것이 매우 중요하다. 때문에 '회광반조'는 누구나 좌우명으로 삼을 만한 것이며, 특히 선문에서는 아주 중요한 수행방법이기도 하다.

임제 선사 선시

是是非非都不關　옳다, 그르다 도무지 관계없고

山山水水任自閑　산산, 물물이 스스로 한가하네

莫問西天安養國 서방 극락세계 어디냐고 묻지를 말게

白雲斷處有靑山 흰구름 걷히면 그대로 청산인 것을.

황벽 선사 오도송

塵勞洞脫 事非常 생사 해탈 하는 것이 보통일 아니니

緊把繩頭 做一場 화두를 굳게 잡고 한바탕 애쓸지어다

不時一番 寒徹骨 차가움이 한번 뼛속을 사무치지 않았던들

爭得梅花 撲鼻香 어찌 코찌르는 매화꽃 짙은 향기 얻으리

得樹攀枝 未足貴 나무 가지에 매달리는 것 귀한 일 아니니

懸崖撒手 丈夫兒 천 길 벼랑에 매달린 손을 놓아야 대장부라 하리

《임제록臨濟錄》

218

제9화

발밑을 비춰 보아라 (照顧脚下)

조고각하(照顧脚下)는 발밑을 잘 살피며 걸으라는 말이다.

지금 어둠 속에서 걷고 있다는 이 순간을 잊어버리고 위를 보거나 또 앞을 보고 가지 말고 걷고 있는 바로 지금의 이 순간을 직시하라는 의미다.

그렇지 않다면 이는 꿈을 꾸는 것과 다를 바 없다. 욕망을 품고 있는 것이고 망상을 하고 있는 것으로 집중력을 잃은 것이다. 현재의 순간이 아니라 미래를 향하고 있는 것이다.

조고각하가 의미하는 것은 지금 있는 이 순간을 관하고 있으라는 말이다.

관한다는 것은 곧 깨어 있으라는 말로 언제나 정신을 놓지 말라는 뜻으로 언제나 정신을 맑고 깨끗하게 유지하며 자신을 돌아보라는 의미이다.

선원의 현관에 들어서면 '조고각하(照顧脚下)'라거나 '간각하(看脚下 ; 발밑을 살펴라)'라고 쓰인 팻말이 붙어 있다. '조고'는 '주의 한다' '살펴본다'의 뜻이며, '각하'는 '발 밑'이란 뜻이다. 따라서 '조고각하'는 '발밑을 조심하라' '발밑을 주의해 소홀히 행동치 말라'는 뜻이며, '신발을 어지러이 벗어 놓지 말라'는 뜻도 된다. 조고각하 외에 '신발을 어지러이 놓지 말라'는 팻말도 보인다.

조고각하는 자기반성의 의미이다. 즉 수행자는 밖을 향해 구하지 말고 내적인 자기 본성을 살펴보라는 뜻으로서 밖을 향해 찾는 것을 경계한 말이다. 자기 발밑을 보는 사람은 적고, 남의 발밑을 잘 보고 남의 잘못을 비판하는 사람은 많다. 등잔 밑이 어두운 법이다. 남을 향한 눈을 자기에게 돌려 항상 발밑을 소홀히 하지 않도록 주의해야 한다. 조고각하는 바로 '너 자신을 알라'이며, '자기를 반성하라'이다. 자기를 소홀히 하거나 무시하지 않는 그것이 바로 현실생활의 모든 재난을 예방하는 것이다.

한 수좌가 각명(覺明) 선사에게 "달마가 서쪽에서 온 뜻은 무엇입니까(如何是祖師西來意)?" 하고 물으니 각명(覺明) 선사는 "네 발 밑을 보라(照顧脚下)."고 대답했다.

선의 근본 뜻을 묻는 질문에 '발밑을 잘 보아라, 지금 네가 서 있는 곳이 어떠한지'라고 답한 것이다. 이 말의 뜻은 바로 지금 네가 선의 진수 속에 있는 것이 아닌가, 진리 자체 속에 있지 않은가 하고 말한 것이다. 불도는 멀리 밖에서 찾을 것이 아니라 바로 지금 이곳에 있음을 알아야 한다. 도(道)는 멀리 있는 것이 아니라 자기 주변의 가까이에 있는 것이다.

원오 선사는 "알지어다. 발밑에서 대광명이 나온다는 것을."(벽암록 제1칙)이라 하여 발밑에서 마음 광명이 나타남을 말하고 있다. 선은 자기 발밑에 있는 것이다.

선문에서는 수좌(首座 ; 선승을 가리킴)가 행각(行脚 ; 수행을 위해 도보로 여행하는 것)이나 탁발할 때 대나무로 만든 삿갓을 쓰는 경우가 많은데, 이는 밖의 대상에 이끌리지 않고 항상 자기를 살펴 발밑을 조심할 수 있게끔 한 것이다. 즉 조고각하를 위한 것이다. 조고각하는 자기를 추구하는 선 수행에서는 빠뜨릴 수 없는 중요한 것이다.

자기라는 존재를 잊고 사는 현대사회에서는 특히 이처럼 자기를 응시하고 반성하는 것이 중요하다고 하겠다. 이런 의미에서 조고각하는 좌우명으로도 삼을 만하다.

《무문관無門關》

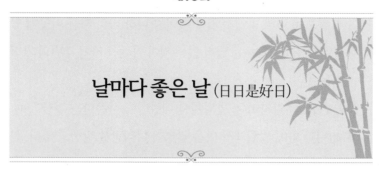

제10화

날마다 좋은 날 (日日是好日)

　'날마다 좋은 날'이라는 말은 운문 선사의 어록인《운문광록》에 나오는 말로서 너무나도 유명한 선어이다.

　운문 선사가 어느 날 제자들에게 이렇게 말했다.

　"보름 전의 일은 묻지 않겠다. 오늘부터 보름 이후의 일을 표현할 수 있는 시구를 지어 가져 오너라."

　수행승들은 아침부터 하루 종일 머리를 쥐어짰으나 무어라고 한마디로 선의 묘미를 표현할 수가 없었다. 하루하루는 하염없이 흘러가고 있었다. 그것을 지켜보던 운문 선사가 스스로 지은 짧은 시구를 내보였다.

　"날마다 좋은 날(日日是好日)."

　이 시구는 너무나 명쾌하여 이후 유명한 명구가 되었다.

　'일일시호일'은 언어상으로는 '날마다 좋은 날'이라는 뜻이다. '날

마다 좋은 날'이라면 '해마다 좋은 해'도 될 수 있다. 누구나 매일매일
이 나무랄 데 없이 편안한 길일(吉日)이기를 바라지만 만사가 그렇게
생각대로 되지는 않는다. 뜻대로 되지 않는 세상사를 옛사람은 다음
과 같이 표현하고 있다.

"세 번 먹던 밥을 뱉어내야 했으니, 세상은 생각대로 되지 않는구
나."

세상은 좋은 날보다는 고통과 슬픔으로 이어지는 날이 더 많기 때
문에 '매일매일이 나쁜 날'이라고도 할 수 있을 것이다.

겸호(兼好) 법사는 이렇게 말한다.

"길일이라도 악을 행하면 반드시 흉하고 악일(惡日)이라도 선을 행
하면 반드시 길하다. 길흉은 사람에게 달린 것이지 날에 달린 것이
아니다."

인간은 길일을 고르고 액일(厄日)은 피하지만, 좋은 날인가 나쁜 날
인가는 마음이 어떠한가에 달려 있는 것이지 날짜에 달린 것은 아니
라는 말이다.

운문 선사가 말한 '날마다 좋은 날'은 분별 집착심을 없앤 편안하
고 맑은 경지를 나타내고 있다. 즉 매일매일이 최고 최상의 날이며
둘도 없이 소중한 하루인 것이다. 기쁠 때는 즐거워하고, 슬프고 괴
로울 때는 울고, 화날 때는 화낸다. 억지로 무엇을 하지 않으면서 현
실의 있는 그대로 살아간다. 이처럼 시기와 장소에 따라 대응하면서

집착하지 않고 번뇌를 불러 일으키지 않는다면 '매일매일이 좋은 날'이 될 수 있을 것이다.

春有百花秋有月　　봄에는 꽃이 피고 가을에는 달이 뜨고,
夏有凉風冬有雪　　여름에는 서늘한 바람 불고 겨울에는 눈 내리네.

옛사람은 이렇게 노래했다. 봄·여름·가을·겨울 매일매일이 좋은 인생이라는 것이다. 자기를 둘러싼 사회적·자연적 환경 속에서 참되고 착하고 아름다운 것을 발견해 안심입명(安心立命)한다면 이것이 바로 '날마다 좋은 날'인 것이다. 거기에만 안주하게 되면 결국 집착심이 생겨 마음의 안락과 자유를 얻을 수 없게 된다. 그래서 운문 선사도 '날마다 좋은 날'에 그쳐서는 안 된다고 경계하고 있다. 오히려 '일일시호일'을 모두 놓아 버리는 곳에 참다운 '일일시호일'이 나타나는 법이다.

《운문광록雲門廣錄》

제11화

일 없는 이가 가장 존귀한 사람
(無事是貴人)

이 말은 임제 선사의 말에서 유래한다.

"일 없는 이가 귀한 사람이다. 오직 조작하지만 말라. 단지 평상(平常)일 뿐이다."

'일 없다(無事)'는 보통 평온하다. 변함없다, 일이 발생하지 않는다, 문제가 없다, 건강하다 등의 뜻으로 쓰인다.

그러나 선문에서의 '무사'는 그런 의미가 아니라 '무언가 찾으려는 마음을 쉬는 것' '밖으로 찾는 마음이 없는 것'을 뜻한다. '무사'는 고요함의 경지로서 본래의 자기로 돌아선 편안함을 말한다. 송대의 유학자 정명도가 말한 '맑고 투명하여 일이 없다'도 이 같은 심경을 말한 것이다. 또 '귀한 사람(貴人)'은 귀족을 말하는 것이 아니라 존귀한 사람, 즉 부처나 깨달은 사람을 가리킨다.

'밖으로 찾는 마음'을 없애는 것은 부처가 되기 위한 필요조건이

225

다. 인간은 태어나면서부터 불성을 갖고 있지만, 사람은 이 사실을 잊고 자기 밖에서 부처나 도를 구하려고 안달한다. 그래서 임제는 '오직 밖에서 구하지만 말라' '오직 조작하지만 말라'고 가르친다. 선문의 조사뿐만 아니라 송명(宋明)시대의 유학자들도 밖으로 찾는 마음을 경계하고 있다.

《능엄경》에는 이런 얘기가 나온다.

옛날 인도 실라성(室羅城)에 연야달다(演若達多)라는 사람이 있었다. 사람들은 그를 신에게 치성을 드려 얻은 자식이라고 했는데, 그는 매일 자기 얼굴을 거울에 비춰보고 있었다. 그러던 어느 날 거울을 보는데 얼굴이 비치지 않았다. 그는 어떻게 된 영문인지 몰라 허둥지둥하면서 자기 머리를 찾기 시작했다.

연야달다는 머리를 잃었네
머리를 제쳐놓고 머리를 찾는구나.

이 고사는 자기가 본래 갖고 있는 것을 밖에서 찾고 있음을 비유한 얘기다.

다시 《임제록》을 보면 이런 구절이 나온다.

"그대가 만약 생각생각마다 밖으로 찾는 마음을 쉴 수만 있다면 그 즉시 부처나 조사와 다르지 않을 것이다."

이렇듯이 밖을 향해 찾는 마음이 없어진 안락한 '무사'의 경지가 그대로 부처이고 깨달은 자이다. 그래서 임제는 "부처와 조사는 일 없는 사람이다."라고 한 것이다. 이 '일 없는 사람이 존귀한 사람'은 바로 어떤 것에도 집착하지 않는 참된 해탈인이다.

'진인(眞人)'은 무애자재한 경지를 얻은 사람을 말한다. 이처럼 '무사'의 심경을 얻으면 실로 넉넉한 마음의 광활함을 몸으로 체득하는 것이다. 이를 선문에서는 다음과 같이 표현한다.

"마음에 일이 없으면 상 하나(一床)도 넉넉하다."

《임제록臨濟錄》

제12화

앞도 셋셋 뒤도 셋셋 (前三三後三三)

이 말은 문수(文殊)보살과 무착(無着) 선사의 문답으로 《벽암록》에
나오는 선어이다.

문수보살은 모든 보살 중에서도 지혜가 가장 뛰어나서 '지혜의 문
수'라고 일컬어진다. 옛날부터 지혜의 대표자로 존경받고 있다. 문
수보살은 이타(利他)의 자비문을 맡은 보현(普賢)보살과 마주하여 석
가모니 부처님의 왼쪽에 앉아 있는데, 이 셋을 삼존불(三尊佛)이라 부
른다.

무착 선사에 대해서는 예로부터 여러 가지 설이 있으나 일단은 위
앙종을 개창한 앙산혜적(仰山慧寂)의 법을 이은 무착문희(無着文喜)로
본다. 문수의 출현이나 무착의 역사적 사실성에 대해서는 여기서는
다룰 필요가 없다. 중요한 것은 문수와 무착의 문답 내용이다. 무착
이 문수보살의 영험 도량인 중국 산서성 오대산(五臺山)에 참예하러

갔다가 문수를 만나 문답한 이야기다.

《벽암록》에 나오는 양자의 문답을 살펴보자.

문수: 어디서 오는가?

무착: 남쪽에서 옵니다.

문수: 남쪽의 불법은 어떠한가?

무착: 말법 세상이라서 계율을 지키는 자가 적습니다.

문수: 그 무리가 어느 정도인가?

무착: 삼백에서 오백 정도입니다.

이번에는 무착이 물었다.

무착: 이곳은 어떻습니까?

문수: 범부와 성인이 동거하고 용과 뱀이 섞여 있다.

무착: 그 무리가 어느 정도입니까?

문수: 앞도 셋셋 뒤도 셋셋이다.

이 '앞에 셋셋 뒤도 셋셋'의 의미에 대해서는 두 가지 설이 있다.

첫째는 앞뒤를 피차로 해석해 '저쪽에도 셋셋 이쪽에도 셋셋'으로 보는 것이다. 피차간에 수가 같으며, 적지 않은 수라는 것을 나타낸 말이다. 둘째는 셋셋은 헤아릴 수 없고 한량없다는 뜻으로 앞도 뒤도 무수하다는 설이다.

선의 입장에서는 물론 후자의 설을 취한다. 즉 셋셋은 무수무한(無數無限)이기 때문에 문수가 답한 '앞도 셋셋 뒤도 셋셋'은 앞뒤를 막론하고 그 수가 무수히 많다는 말이다. 요컨대 불법을 수행하지 않는 자가 없다는 뜻이다. 문수의 절대지의 입장에서 보면 범부와 성인, 선과 악의 차별 없이 모두 평등한 인격적 가치를 갖춘 존재라서 앞뒤 셋셋의 수량 따위는 문제가 되지 않는다. 범부와 성인, 선과 악의 차별이 없다는 뜻에서 문수는 '범부와 성인이 동거하고 용과 뱀이 섞여 있다'고 답한 것이다. 그 수량이 무한하고 무수하다고 하지만, 이는 출세간적인 절대의 경지에서 나온 수량이라서 수량을 초월한 무한대로 보아야 한다.

무착이 답한 삼백에서 오백 정도의 수량은 세간에서 통용되는 통속적인 표현이다. 앞뒤나 셋셋의 수에 집착해서는 안 된다. 그러한 집착은 문수의 참뜻을 이해하지도 못하는 것이며, 선의 핵심을 체득할 수도 없는 것이다. 일체의 망상분별을 끊고 고차원에 서서 비춰 보아야 한다. 무착은 문수가 답한 "앞도 셋셋 뒤도 셋셋"의 참뜻을 이해하지 못하고, 문수와 헤어진 뒤 어느 동자의 깨우침에 의해 비로소 이해했다고 한다.

《벽암록碧巖錄》

제13화

선도 악도 생각하지 않는다
(不思善不思惡)

6조 혜능 선사가 스승 홍인 선사에게 법을 전해 받을 때 그 증거로서 의발(衣鉢 ; 옷과 그릇)을 받았는데, 대중들이 이를 알고 깜짝 놀라 의발을 빼앗으려고 혜능의 뒤를 쫓았다. 그 속에 무인 출신인 혜명(慧明)이란 자도 혜능을 쫓아왔다. 그러자 혜능은 스승으로부터 받은 의발을 돌 위에 놓고서 말했다.

"이 의발은 믿음을 나타내는 것으로서 힘으로는 쟁취할 수 없는 것이다."

그래도 혜명은 이를 빼앗으려고 했지만 의발은 꿈적도 하지 않았다. 그것은 단순한 물건이 아니라 대법의 전승을 상징하는 것이기 때문에 완력으로는 취할 수 없는 것이었다. 그래서 혜명은 잘못을 뉘우치고 사과하면서 가르침을 구했다.

"저는 단지 법을 구하러 왔을 뿐입니다. 부디 대법을 말씀해 주십시오.”

혜능이 말했다.

“일체의 망상과 삿된 생각을 버리고 맑은 마음이 되어야 한다.”

그리고 혜능은 혜명의 마음이 고요해지기를 기다렸다가 다시 천천히 물었다.

“선도 악도 생각하지 않을 바로 그때, 그대 혜명 수좌의 본래면목은 무엇인가?”

혜명은 이 말을 듣고서 홀연히 깨달았다고 한다.

이 ‘선도 악도 생각지 않는다’는 옳고 그름, 선과 악, 자기와 남, 이익과 손실 등의 상대적 개념으로부터 벗어나 일념도 일어나지 않는 고차원의 경지를 가리킨다.

인간은 늘 사물을 대립적으로 보려 하고 있다. 이러한 대립적 분별심이 있는 한 진실하고 순수한 진리를 접하기란 어려운 일이다. 미혹을 일으키는 상대적인 생각을 없애야 하는 것이다. 선 수행에서는 이 상대적 개념을 초월해 절대적 인식에 서는 것을 추구한다. 상대적 분별심을 없앤 절대의 세계를 표현한 것이 ‘선도 악도 생각하지 않는다’이다. 또 ‘부모로부터 태어나기 이전(父母未生前)’이나 ‘천지가 나누어지기 전(天地未分前)’이란 말도 마찬가지 의미이다. 부모나 천지는 모두 상대적 개념을 대표해서 나타낸 것이다. 현실세계는 모두 분별의 상대적 세계이지만, 이것을 낳기 전, 즉 절대무차별의 심경이 바로 '선도 악도 생각하지 않는다'이다.

공부를 열심히 한 사람은 지식과 지혜가 충만하다.

자기 스스로 밖으로 쏟아내지 않으면 그 누구도 빼앗아 갈 수가 없는 것이 온전히 본인의 것이기 때문이다. 홍인 선사에게 받은 깨침의 징표인 의발을 돌 위에 올려놓았다고 하는 것은 혜명이 혜능의 빼앗으려는 것은 수행이 덜 된 시기심에서 나오는 행위이다. 그것은 인위적으로 빼앗을 수가 있는 것이 아니다. 스스로 수행하여 깨치는 수밖에 다른 도리가 없다. 스스로 깨쳤다는 것을 증명해 보라.

《육조단경六祖壇經》

제14화

마음은 대상을 따라 구르는데
구르는 곳마다 그윽할 수 있다
(心隨萬境轉 轉處實能幽)

석가모니 부처님으로부터 제22대 조사인 인도 마나라(摩拏羅) 존자의 전법게(傳法偈) 중에 나오는 두 구절이다.

心隨萬境轉　마음은 대상을 따라 구르는데
轉處實能幽　구르는 곳마다 그윽할 수 있어
隨流認得性　흐름에 따라 성품을 인득(認得)하면
無喜復無憂　즐거움도 없고 근심도 없구나.

인간의 마음은 외부 세계의 객관적 현상에 감응하여 주마등처럼 순간순간 끊임없이 모습을 바꾸면서 일어난다. 그러면서도 이 감각을 통해 받아들인 잡다한 외계 사물에 집착하지 않고 늘 행운유수처럼 머물지 않고 무심히 인생의 흐름에 대응해 나간다. 이 무애자재한

234

무심의 작용이야말로 실로 미묘하고 유현(幽玄)하여 쉽사리 알 수 없는 것이다. 항상 변화하는 외부 사물에 대응하면서 본성을 깨달아 얻는다면, 마음은 슬픔이나 즐거움에도 흔들리지 않고 담담하게 시류(時流)의 흐름대로 가면서도 아무런 집착을 남겨 두지 않는다. 이 시는 깨달음의 경지를 잘 표현했다고 할 수 있다.

이 선시와 비슷한 것으로 《금강경》에 나오는 "마땅히 머무는 바 없이 그 마음을 내야한다(應無所住 而生其心)."는 구절이 있다. 이는 마음은 늘 외부 세계의 사사물물을 향해 있지만, 거기에 집착하지 않고 있는 그대로 자유자재로 대응해 나간다는 뜻이다. 갖가지 현상이 오고 가면서 그것이 마음에 비치더라도 그 모습 그대로를 무심히 그려 내면서 기쁠 때는 기뻐하고 슬플 때는 슬퍼하고 아름다운 것은 아름답다 하고 추한 것은 추하다 하여 어느 것에도 집착함이 없이 깨끗이 흘러간다. 이를 선가에서는 "한 티끌도 일어나지 않고, 어떤 조짐이나 자취도 남기지 않는다."라고 말한다.

어떤 망상이나 집착심도 없는 무심의 경지이다. 순조로운 경계를 만나든 역경을 만나든 그 경지에 안주하고 만다면 집착이 따르기 때문에 진보발전은 있을 수 없게 된다. 따라서 끊임없이 앞으로 나가는 자세로 대상에 따라 구르면서 자유자재하는 주체성을 가져야 한다. 그렇게 할 때 활로가 펼쳐지는 것이다.

임제 선사는《임제록》에서 이렇게 말한다.

"곳에 따라 주인이 되면 서 있는 곳마다 다 참되다(隨處作主 立處皆
眞)."

언제 어떤 경우라도 주체성, 즉 주인공이 확립되어 있으면 자유와
진실을 얻을 수 있을 것이다.

《전등록傳燈錄》

차나 한잔 마시게

조주 선사가 어느 학인에게 물었다.
"그대는 이곳을 와본 적이 있는가?"
"처음입니다."
"차나 한잔 마시게."
조주 선사가 또 다른 학인을 보고 물었다.
"그대는 이곳을 와본 적이 있는가?"
"예. 전에 왔었습니다."
"차나 한잔 마시게."

제1화

무심 (無心)

　무심은 마음의 존재를 인정치 않는 것이 아니라 모든 마음과 의식의 작용을 소멸시킨 상태를 말한다. 또 마음에 한 물건(一物)도 머물지 않는 상태를 '무심의 마음(無心之心)'이라고 한다.

　무심은 객관 대상에 의해 야기된 관념이 완전히 없어진 상태이기 때문에 '무상(無想)'이라고도 하며, 자아의 집착을 벗어난 상태이기 때문에 '무아(無我)'라고도 한다. 그래서 무심은 무념(無念)ㆍ무상(無想)ㆍ무아(無我)와 같은 의미로 사용된다.

　요컨대 무심은 아무것도 구할 것이 없고 아무것도 얻을 것이 없는 '무소유(無所有)'의 마음이다. 사물에 집착하는 마음을 내지 않으므로 어떤 것에도 구속되지 않는 자유롭고 걸림이 없는 마음의 세계이다. 때문에 무심의 마음은 바로 본래의 마음(本心)이다. 고정적이지 않고 생각과 분별이 전혀 없을 때의 마음, 그리하여 온몸 전체에 고루고루

널리 퍼지는 마음을 '무심'이라 한다. 어느 곳에도 마음을 두지 않는 마음이다. 그렇다고 해서 나무나 돌처럼 되는 것은 아니고, 단지 머무는 바가 없을 뿐이다. 머무는 바가 있으면 마음에 사물이 걸려 있는 것이며, 머무는 바가 없으면 마음에 아무것도 없는 것이다. 마음에 아무것도 없는 것을 '무심'의 마음, 또는 무심무념(無心·無念)이라고 한다.

이처럼 무심은 어떤 것도 구하거나 얻는 마음이 없다. 임제의 스승 황벽희운(黃檗希運) 선사는 《전심법요》에서 "무심은 일체의 마음이 없는 것이다."라고 말한다. 또 대각 선사는 "무심은 일체의 어리석은 마음이 없는 것을 말한다."고 하고 있다. 일체를 놓아 버린 무심의 세계는 수행에 장애가 되는 '삼독(三毒 ; 탐냄·성냄·어리석음)'의 마음이 티끌만큼도 일어나지 않는 세계이다.

'무심'과 반대되는 것으로 '유심(有心)'이 있다. 유심은 '유소득심(有所得心)'을 줄인 말로서 무언가를 찾아 얻으려는 허망 된 마음을 말한다. 무심은 '얻을 바가 없는 마음'이며, 유심은 '얻을 바가 있는 마음'이다. 유심은 사사로운 마음(私心), 삿된 마음(邪心), 헛된 생각(妄想)인 것이다. 반면에 무심의 경지는 마치 순수하고 청정무구한 어린아이와 같다고 할 수 있다. 인간의 원점이라고 할 수 있는 어린이의 심경으로 돌아가는 것이야말로 인간성을 회복하는 것이요, 참된 자기를 발견하는 것이다. 그러기 위해서는 뿌리를 기르는 것이 아주 중요하다 "생각함에 삿됨이 없다."고 한 공자의 말은 망상이나 삿된 생각을 없앤 무심·무아의 세계를 나타낸 것이다.

무심의 심경을 읊은 시구로는 중국 시인 도연명(陶淵明)의 '귀거래사(歸去來辭)'가 있다.

"구름은 무심히 동굴 속에서 나온다(雲無心以出岫)."

이 시구는 웅대한 자연 경관을 읊은 것이지만 자아를 잊어버린 무심의 경지를 묘사한 것이기도 하다. 그 밖에 "흰 구름 저절로 오가고, 흰 구름과 흐르는 물 모두가 유유하네." 등도 무심의 경지를 표현한 시구이다. 무심의 상태를 특히 흰 구름으로 상징하고 있기 때문에 흰 구름은 순수한 인간성(佛性·佛心)과 통한다고 하겠다.

종교도덕심이 쇠퇴한 현대사회는 구하려 하고, 얻으려 하고, 빼앗으려고 하는 악착같은 이기심이 인간을 아수라장으로 만들고 있다. 그러니 잠시라도 사사로운 마음이나 삿된 생각이 없는 무심의 경지에 있고 싶은 것이다.

선문에서는 '반본환원(返本還源 ; 다시 근본으로 돌아감)'이라 해서 본래의 자기, 참된 자기, 순수한 인간성, 본래 모습을 추구하고 있다. 이처럼 인간 본래의 순수한 무심의 상태로 돌아가는 것이야말로 진정 중요하다.

《전심법요傳心法要》

제 2 화

둘 다 잊다 (兩忘)

‘양망(兩忘)’은 둘 다 잊는다는 뜻이다.

전쟁터에서 한 장수가 어느 선사에게 물으니 선사가 대답했다.

"삶과 죽음에 대한 생각이 번갈아 일어날 때는 어찌해야 좋습니까?"

"양쪽 머리를 잘라 내면 검 하나가 하늘에 기대어 차가우리라."

삶과 죽음, 옳고 그름, 선과 악, 고통과 즐거움, 사랑과 증오, 안과 밖 등 양면의 대립을 잊어버리는 것이다. 또는 그 같은 상대적 관념을 끊어 버리거나 집착하는 마음을 제거하는 것이다. 둘 중에 하나를 선택할 경우 어느 한 쪽은 긍정하여 받아들이고 어느 한 쪽은 부정하여 거부하게 되니까, 선택에 따른 집착을 떨쳐 버림으로써 양쪽으

241

로 부터 완전히 벗어나는 것이다.

'양망'과 같은 의미를 지닌 것으로는 '양쪽 머리를 모두 자른다(兩頭俱截斷)' '양쪽 머리를 모두 앉아서 자른다(兩頭共坐斷)' 등이 있는데, 이 역시 좋고 나쁨, 선과 악 등 상대적 인식을 끊어 내는 것이다.

'양망'은 삶에서는 삶을 잊고, 죽음에서는 죽음을 잊고, 고통에서는 고통을 잊고, 즐거움에서는 즐거움을 잊는 것이다. 이 생(生)과 사(死), 고(苦)와 낙(樂)의 대립을 부정하고 초월할 때만이 생과 사, 고와 낙을 하나로 하는 고차원적인 절대적 심경을 체득할 수 있다.

인간이 본래의 순수한 자기로 돌아가기 위해서는 양자의 대립관념을 끊고 자기마저 잊어버려야 한다. 그렇게 할 때 일체를 잊어버린 '참된 자기'가 나타난다.

중국 송(宋)나라 때 유학자 정명도(程明道)가 지은 《정성서(定性書)》는 선서(禪書)라고 할 수 있을 정도로 선사상(禪思想)이 곳곳에서 발견되는데, 거기에 이런 구절이 나온다.

"안과 밖을 모두 잊느니만 못하니, 양쪽을 모두 잊으면 즉시 맑아져 일이 없으리라."

이는 양자의 상대적 인식을 끊어 내면 명경지수(明鏡止水 ; 맑은 거울과 고요한 물 즉 맑고 고요한 心境을 이름)의 세계가 전개된다는 뜻이다.

이런 말도 있다.

"양쪽 머리를 모두 앉아서 끊어 내면, 사방팔방에서 맑은 바람이 일어나리라."

이 말은 삶과 죽음, 선과 악 등의 대립을 벗어나면 맑은 바람이 오가는 깨끗한 심경이 나타난다는 것이다. 이러한 세계야말로 선 수행자가 찾는 절대의 세계이다.

《정성서定性書》

제3화

떨어진 짚신 (破草鞋)

'파초혜'는 떨어진 짚신으로, 아무짝에도 쓸모가 없다는 뜻이다.
같은 뜻을 지닌 말로 '깨어진 그릇' '깨어진 국자' 등도 있는데 모두
쓸모없다는 뜻이다.

수행하는 운수납자(雲水衲子 ; 구름과 물처럼 한곳에 머물지 않고 떠돌아
다니는 스님)는 짚신을 신고 탁발하거나 작업하는데, 운수납자와 짚
신은 인연이 깊다 하겠다.

'파초혜'는 '떨어진 신을 버리듯이'라고 하듯이 전혀 아깝지 않은
것을 말하나 비록 '파초혜'가 아니더라도 무용지물(無用之物)이라고
해서 모두 쉽게 버릴 수만은 없다. 현실적인 말이지만 예전의 선승들
은 이란 것을 퇴비로 쓴다든지 해서 무용한 것을 유용하게, 무가치한
것을 가치 있게 썼다. 이는 사물을 귀중히 여기는 것으로서, 선 수행
도량에서는 물질에 대한 관념이 아주 철저하다.

장자가 '무용의 용'을 말하고 있듯이, 쓸모없는 것에서 오히려 쓸모 있는 것이 나오고 무가치에서 가치가 나오는 법이다. '파초혜'야말로 자기가 없으며, 아무런 공덕이 없으며, 이름이 없다. 파초혜는 자기가 부정되고 공덕이 부정되고 이름(또는 명예)이 부정되는 것이다. 이 부정을 통해 진실한 것이 나타나게 된다. 인간이 진실한 자기, 순수한 인간성(佛性)으로 돌아가기 위해서는 파초혜처럼 자기가 부정되어야 한다. 자기로서 살아가려면 자기를 비워 버려야 하는 것이다. 그렇게 할 때 본래의 자기가 나타난다.

선 수행에서 지식은 오히려 수행에 장애가 되는 것으로 여긴다. 즉 파초혜이다. 그러나 이처럼 부정된 무용의 지식은 무지(無知)의 지(知)로써 인생의 진실성, 본래의 자기를 발견하게 된다.

물론 '파초혜'는 모든 망상과 번뇌 또는 모든 지식을 떨어진 짚신처럼 버리라는 뜻이지만, 떨어진 짚신도 쓸 데가 있는 것이다. 이것은 바로 우리가 흔히 들었던 '번뇌가 곧 깨달음(煩惱卽菩提)'이라는 말일 것이다. '파초혜'도 굳이 버릴 필요가 없지 않은가. 굳이 버려 무엇에 쓸 것인가. 버리데 버리지 않는다. 즉 집착하지 말라는 뜻이다.

《벽암록碧巖錄》

245

제4화

내려 놓아라 (放下着)

'방하(放下)'는 놓아 버리는 것, 내려놓는 것을 의미하며, '착(着)'은 명령의 의미를 나타내는 조사이다. 따라서 '방하착'은 내려놓으라'는 말이다.

중국의 엄양(嚴陽) 존자가 조주(趙州) 선사에게 물었다.

"(모든 것을 버리고) 한 물건도 가져 오지 않을 때는 어찌해야 합니까?"

"내려 놓아라(放下着)."

도대체 한 물건도 지니지 않았는데 무엇을 버리라고 하는 것인지, 이치에 맞지 않는다고 생각한 엄양 존자는 다시 반문했다.

"이미 한 물건도 가지고 오지 않았는데 무얼 내려놓으라는 말입니까?"

"그렇다면 짊어지고 가거라."

이것은 역설적으로 말해 한 물건도 갖지 않은 그것마저 짊어지고 가라는 말이다. 한 물건도 갖지 않은(無所有) 것에 집착해 있는 마음도 마저 버리라는 것이다. 엄양 존자는 여기서 의심 덩어리가 얼음 녹듯이 풀려 깨달았다고 한다.

'방하착'은 삶과 죽음, 고통과 즐거움, 옳음과 그름, 선과 악, 자기와 남의 상대적인 관념을 완전히 내버리는 것인데, 사실은 그 내버린다고 하는 관념마저도 없애라는 것이다. '나는 아무것도 갖고 있지 않다' 또는 '나는 욕심이 없다' 등등 스스로 이미 초탈한 듯이 생각하는 그것마저도 버림, 즉 덜 떨어진 생각마저 버려야 한다는 것을 강조하고 있다.

인간은 삶과 죽음, 고통과 쾌락의 짐을 진 채 끊임없이 걸어가는 나그네이다. 그리고 이 짐을 내려놓지 않는 한 언제까지나 끄달릴 것이다. 이 짐을 완전히 버려야 비로소 발가벗은, 진정으로 순수한 어린이(赤子)의 마음, 순수한 인간성으로 돌아갈 수 있다.

선문에서는 수행의 첫 단계로 '일체를 놓아 버릴 것(一切放下)'을 설하고 있다. 일체의 관념을 버리라는 말이다. 마음을 대청소하여 '한 물건도 없는(無一物)' '얻을 바가 없는(無所有)' 세계로 들어가는 것이다.

방하착은 마음의 자유를 얻기 위한 필수적인 단계로 집착은 사람의 마음을 무겁게 하고 고통을 야기하는 주요 원인 중 하나로 간주되어 방하착을 통해 우리는 물질적 소유나 감정적 집착에서 벗어나, 보다 높은 차원의 평온과 안정감을 얻을 수 있다. 이는 단순한 물질적 소유를 넘어, 명예, 권력, 관계 등 다양한 형태의 집착에서 자유로워지는 것을 포함하고 있다.

또한 방하착은 명상과 같은 수행을 통해 마음의 정화를 이루는 과정에서 중요한 역할을 하므로 명상 중에 떠오르는 여러 생각이나 감정들을 집착하지 않고 흘려보내는 것이 방하착의 실천 중 하나이다. 이를 통해 마음은 점차 고요해지고, 진정한 자아를 발견하는 데 도움을 준다. 내려놓아라. 아무리 강조해도 지나치지 않는 말이다.

《종용록從容錄》

제5화

차나 한잔 마시게 (喫茶去)

'끽다거(喫茶去)'는 '차나 한잔 마시지'라는 뜻으로 이는 사람을 만났을 때 또는 일상생활에서 흔히 쓰이는 인사말이다. 그러나 선문에서 말하는 '조주 선사의 끽다거'는 꽤 까다로운 공안(話頭)으로 알려져 있다. 이 말은 '무(無)'자 화두로 유명한 조주와 어떤 수좌(참선하는 스님을 가리킴)가 주고받은 문답에서 나온다.

한 수행승이 조주 선사를 찾아갔다. 조주 선사가 그 수행승에게 물었다.

"자넨 이곳에 와본 적이 있는가?"

그러자 그 수행승이 "있습니다." 하고 대답했다. 그러자 조주는 난데없이 "차나 한잔 마시게."라고 말했다.

이렇게 조주 선사는 누구든 찾아오면 똑같은 질문을 하고서, 반대

249

로 "없습니다."하고 대답해도 역시 별다름 없이 "차나 한잔 마시게."라고 대답했다. 그것을 보다 못한 원주(院主 ; 한 사찰의 살림을 맡아보는 스님)가 조주 선사에게 "왜 똑같이 '차나 한잔 마시게'라고 말씀하십니까?"하고 물으니, 조주 선사는 "원주!" 하고 부르더니 역시 "차나 한잔 마시게."라고 말했다.

이처럼 조주 선사는 세 사람 모두에게 똑같이 '차나 한잔 마시게'라고 인사하고 있다. 어떻게 보면 말도 안 되는 소리라고 할 것이다. 그러나 이는 조주가 상대적 분별의식을 없앤 절대경지에 서 있기 때문에 자신의 깨달음의 세계에서 똑같이 '차나 한잔 마시게'라고 말한 것이다.

중국 송나라 때 송원숭악(松源崇岳) 선사는 이렇게 말했다.

"조주의 끽다거는 독사가 옛길에 가로누워 있어, 밟으면 이내 잘못인 줄 아는 것이니, 부처님이라도 그렇게 하기 힘들다."

또 송나라 고승 황룡(黃龍)은 이렇게 말한다.

"조주의 끽다거는 우리 선종의 기특한 공안이니, (그 경지에) 이르든 이르지 못하든 바로 대낮의 도적꼴이다."

이처럼 조주의 '끽다거'는 마치 '독사'나 '대낮의 도둑' 같아서 실로 방심할 수 없는 두려운 것이라 평하고 있다. 이것은 조주의 차 한 잔이 목숨을 걸고 마시는 것이라서 가까이하기 어려움을 뜻한다.

차를 끓여 마시는 목적은 약용 · 기호용 · 풍류용 · 의식용(儀式用) · 예술용 · 윤리용 · 종교용 등 여러 가지지만 선에서는 근본을 아는 데 목적이 있다. 사실 차 맛은 그 향기가 은은하다. 마치 솔밭에서 소나무 향기를 맛보는 듯하다. 차 맛은 또한 선의 향기를 나타내고 있기도 하다.

조주의 '끽다거'는 건강 · 취미 · 의식으로 차를 마시는 것이 아니라 존재의 근원에 투철한, 깊은 선적(禪的)인 의미를 담고 있는 것이라 하겠다.

《오등회원五燈會元》

제6화

크게 죽은 사람 (大死底人)

"크게 죽은 사람이 갑자기 살아난다면 어찌하겠소?"
"밤길을 허락치 않으니 반드시 밝음을 쫓아서 이르러야 한다."

이 이야기는 '개에게도 불성이 있는가(狗子還有佛性)'의 화두로 유명한 임제종의 조주 화상과 조동종의 투자대동(投子大同) 선사 사이의 문답이다.

'크게 죽음'에 대해 한 선사는 이렇게 말한다.

'어떻게 해야 죽음을 얻을 수 있는가?' 고요한 방을 골라 깊이 선정(禪定)에 들어 차별의 망념을 극복한 '무자삼매(無字三昧)'의 경지에서 오직 건곤(乾坤)뿐인 무의 세계, 무의 의식이 되어야만 한다. 아니, 의식이라는 관념마저 초월해 오직 '무(無)'만의 존재 그 밑바닥에 도달해야 하는 것이다. 다시 말해, 모든 의식을 무(無)로 밟아 죽여 오직 무(無)만의 집적체가 되는 것이며, 이 집적체가 다시 응결하여 깨뜨릴 수 없는 결정체가 되어 바람도 통할 수 없는 그러한 심경을 '크게 죽음(大死底)'이라 하는 것이다.

이 같은 경지를 얻은 크게 깨달은 사람을 '크게 죽은 사람(大死底人)'이라 한다. 즉 상대적 관념을 모두 비워 버린 절대무(絶對無)에 투철하고, 그 무의 의식마저 없앤 깨달음의 경지에 든 사람이 '크게 죽은 사람'이다.

선문에서는 '먼저 크게 죽은 뒤에야 다시 살아난다' '먼저 크게 죽어야 대생명이 눈앞에 나타난다' '크게 죽는 것이 크게 사는 것이다' 등의 말이 있다. '먼저 크게 죽는다'고 말할 때 그 죽음은 물론 육체적 죽음을 의미하는 것은 아니다. 크게 죽는 경지는 육체의 죽음에 의한 것이 아니라 일체의 번뇌망상을 없애는 부정을 거듭함으로써 비로소 얻어지는 것이다.

크나큰 활동을 하려고 한다면 먼저 크게 죽어야 한다. 살려고 하면 먼저 죽어야 하는 것이다. 큰 삶에는 큰 죽음이 요청된다. 먼저 큰 죽음을 초극해야만 비로소 크나큰 삶이 눈앞에 나타나는 것이다. 어찌됐든 큰 죽음에서 큰 삶으로 뛰쳐나가야 하는 것이다. 죽은 뒤에 다시 부활하여 살지 못한다면 진정으로 생생한 대비약·대활동을 이루기란 불가능하다. 자기가 크게 죽는 극한상황을 겪지 않으면 '참나(眞我)'로 살아가기란 불가능하며, 인생의 의의와 가치를 찾는 것도 불가능하다.

　선 수행은 육체와 육체, 생명과 생명의 엄숙한 대결이다. 따라서 호랑이 굴에 들어가는 것처럼 사지(死地)로 뛰어드는 용맹심이 필요하다. 먼저 크게 죽어야 한다는 것은 선문에서만이 아니라 어느 누구에게도 통할 수 있는 인생의 관문이라 하겠다.

　조주가 말한 '크게 죽은 사람'을 가슴 깊이 명심해 분발한다면 현대사회의 모든 문제도 해결할 수 있을 것이다. 진정으로 자기를 버리는 마음과 행동이 필요한 시점이다.

《벽암록碧巖錄》

제7화

지위가 없는 참사람 (無位眞人)

임제 선사가 어느 날 많은 대중들이 모인 자리에서 이렇게 말했다.

"붉은 고기 덩어리(赤肉圍) 속에 하나의 무위진인(無位眞人)이 있는데, 마음대로 그대들 몸속으로 들락날락한다. 아직 보지 못한 자는 똑똑히 보고 또 보아라."

'붉은 고기 덩어리'는 인간의 육체, 육신을 가리킨다. '하나의 무위진인'은 부처 혹은 불심을 말한다.

임제는 또 대중에게 이렇게 가르쳤다.

"인간에게는 하나의 무위진인, 즉 부처가 내재하고 있어 늘 들락날락거리고 있다. 인간이 본래 갖추고 있는 이 진인(眞人 ; 진정한 자기, 참된 해탈인)을 만나지 못한 자는 빨리 만나 보아라."

255

그때 한 수좌가 물었다.

"그 하나의 무위진인은 어떠한 존재입니까?"

순간 임제는 갑자기 자리에서 내려와 그 수좌의 멱살을 움켜잡고 쿡쿡 떠밀면서 말했다.

"자, 말하라, 빨리 말하라."

임제가 심하게 몰아붙였으나, 수좌는 아직 그 뜻을 이해하지 못하고 숨을 헐떡거렸다. 그러자 임제는 수좌를 밀쳐 내면서 말했다.

"무위진인, 그 무슨 마른 똥막대기인고?"

이렇게 말하면서 임제는 방장실로 들어갔으나, 그 수좌는 여전히 이해하지 못했다. 이상이 임제와 수좌 간에 오고간 '무위진인'에 관한 문답이다.

'무위진인'은 '지위가 없는 참사람'이란 뜻이다. 무위라 말한 이상 어떤 차별도 없이 일체평등해야 한다. 인간사회에는 성자와 범부, 어리석은 자와 현명한 자, 가난한 자와 부자, 귀함과 천함, 미혹과 깨침 등의 차별이 있지만, 무위는 이러한 등급서열이 없는 무차별을 말한다. 여기서 말하는 '무위'는 차별이 없다고 하기보다는 차라리 그 차별을 초월하고 있다고 말해야 할 것이다. 즉, 범성(凡聖)·귀천(貴賤)·빈부(貧富)·미오(迷悟) 등의 차별을 초월하여 어떤 것에도 집착하지 않는 것이며, 어떤 외적 조건에도 제약받지 않는 것이다.

인간은 무언가에 의존하고 무언가에 집착하기 마련인데, '무위진인'은 어떤 것에도 의존하지 않고 어떤 것에도 집착하지 않는 사람을 말한다. 임제는 이런 사람을 '무의도인(無依道人)'이라 부른다. 또한 중국의 유명한 황벽(黃檗) 선사는 이를 "의지함도 없고 머묾도 없다(無依無住)."고 말하고 있다.

진인은 바로 임제가 말하는 '도인'이며, '주인공'이며, '배움을 끊어버려 하릴없이 한가로운 도인(絶學無爲閑道人)'이다. 그리고 선문의 참주인이며, 자성천진불(自性天眞佛)이며, 자성불(自性佛)이며, 명백함 속의 사람이다. 또 진인은 장자가 말하는 신인(神人)·지인(至人)·진군(眞君)과도 같은 말이다. 이처럼 진인은 갖가지로 표현되고 있지만, 그 뜻은 일체의 속박에서 벗어난 무애자재한 경지에 있는 참된 해탈인(解脫人)을 가리킨다.

인간의 육체에는 해탈인인 부처가 내재해 있어 늘 인간과 함께 생활하고 있다. 그럼에도 불구하고 우리는 그 부처를 알아채지 못하고 있다. 그래서 임제는 "보아라, 보아라."라고 하면서 간절히 가르치고 있는 것이다. 우리는 늘 자기를 응시하면서 내재해 있는 부처를 만나야 한다.

고대 그리스의 철인 소크라테스는 늘 "너 자신을 알라."는 격언을 되새기면서 '참나'를 찾는 데 정진했다고 한다.

《임제록臨濟錄》

제8화

가을바람에 전체가 드러난다
(體露金風)

한 수좌가 운문 선사에게 물었다.

"나무가 시들고 낙엽이 떨어질 때는 어떠합니까?"

운문이 답했다.

"가을바람에 전체가 드러난다(體露金風)."

    수좌의 물음은 제자가 스승의 역량을 시험하기 위한 질문이며(辨主問), 자연의 사물을 빌려 선의 핵심에 관해 질문한 것이다.

    '나무는 시들고 낙엽이 떨어진다'는 나무의 생기가 사라져 낙엽이 땅 위로 펄럭이며 떨어지는 쓸쓸한 늦가을의 정경을 물었지만, 실제로는 사물에 의탁해 선의 경지를 물은 것이다. 즉 번뇌망상을 늦가을 나뭇가지와 잎에 비유했다. 그 가지와 잎이 떨어지는 것은 곧 번뇌망상의 티끌을 없애서 맑은 심경으로 변하는 것을 말한다.

이 물음은 질문한 수좌의 경지를 나타내고 있는데, 스승의 역량을 시험할 정도로 상당한 수행을 쌓은 수행자라 하겠다.

운문 선사 역시 그 수좌와 마찬가지로 가을의 정경을 비유해서 답하고 있다. 그가 답한 '체로금풍' '체로'는 전체로현(全體露現)을 줄인 말로 완전히 드러나는 것을 말하고, '금풍'은 가을바람(가을은 오행 중에서 금에 해당)을 말한다.

이 체로금풍은 번뇌망상의 소멸을 나뭇잎을 쓸어 내는 가을바람에 비유한 것으로 가을바람에 불법의 전체가 완연히 드러나는 것이다. 이것이 바로 '명력력(明歷歷 ; 역력하게 밝음)' '노당당(露堂堂 ; 당당하게 드러남)'이다.

제자의 자질에 따라 가장 적절한 방법으로 지도 했다는 운문스님의 상수제자인 덕산 연밀(德山緣密)스님이 <운문광록(雲門廣錄)>에서 읊은 송(頌)을 보면 그리 만만치 않음을 알 수 있다. 나무 한 그루가 시절 인연 따라 싹이 트고 자라 그 잎이 온 산을 덮다가 가을 서녁 찬 바람에 잎이 다 지고 나면 발가벗은 나무로 남는다. 연기(緣起)의 흐름이 한 그루 나무에 온전히 나타난다. 사람 또한 나무와 마찬가지일 텐데 잎이 떨어진 관목(裸木)이라도 매우 다른 두 가지 질문을 던진다. 너는 생노사(生老死)의 연기의 윤회 따라 그렇게 태어나 그렇게 살다 늙어 죽을 것이냐? 아니면 일생일대사로 가을 서녘 찬바람 같은 아뇩다라삼먁삼보리의 금강지혜를 증득해 온 나무를 덮은 무성한 잎 같은 번뇌를 여의며 관목 같은 공성의 실상을 보고 일체고액을 건너 열반의 언덕에 이를 것이냐? 어떤 선택이던 관목은 피할 수도 거부할 수도 없는 우리의 진면목이다. 이것은 이 가을에 오롯이 맞닥뜨리는 우리의 선택의 문제다. 그대는 어떤 관목으로 설 것인가?

금풍에 나무 한 잎 허공에 떨어지니 관목이 긴 꿈을 깨는구나!!!

가을바람이 번뇌망상의 나뭇잎을 남김없이 쓸어내는 정경이야말로 일체를 놓아 버린, 맑은 바람이 오고 가는 깨달음의 경지이다. 이 체로금풍을 체득해 운문의 맑은 심경에 한걸음 더 가까이 가고 싶다.

《벽암록碧巖錄》

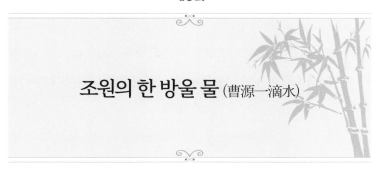

제9화

조원의 한 방울 물 (曹源一滴水)

'조원(曹源)'은 '조계(曹溪)의 근원'이라는 뜻이다. 조계는 중국 산동성에 있는 지명이다.

6조 혜능 대사가 조계 보림사(寶林寺)에서 설법했기 때문에 그 지명을 따서 6조 혜능을 '조계'라고 말하며, 또는 혜능을 존칭하여 '조계의 옛 부처(曹溪古佛)' '조계의 고조(曹溪高祖)'라고도 한다.

'적수(滴水)'는 물이 한 방울 한 방울 떨어지는 것으로, 6조 대사의 선법이 전승되어 분파·발전한 것을 의미한다.

6조 혜능 문하에서도 특히 청원행사(靑原行思) 선사와 남악회양(南嶽懷讓) 선사가 탁월하다.

청원의 법계에서는 조동종(洞山良价가 창시)·운문종(雲門文偃이 창시)·법안종(法眼文益이 창시)이 일어났고, 남악의 법계에서는 임제종

(臨濟義玄이 창시)·위앙종(潙山靈佑·仰山慧寂이 창시) 등이 일어났다.

그리고 다시 임제의 법계는 양기파(楊岐方會가 창시)와 황룡파(黃龍慧南이 창시)의 두 파로 나뉘어졌다. 이를 오가칠종(五家七宗)이라 부른다. 이처럼 6육조 혜능의 남종선(南宗禪)은 당말(唐末)부터 5대(五代)에 걸쳐 많은 분파를 낳으면서 번성하였다.

오가칠종이나 24유파는 모두 조계의 혜능을 근원으로 하는 한 방울 물이며, 조계라는 원천이 분화하고 발전한 것이기 때문에 이를 '조원의 한 방울 물' 또는 줄여서 '조원'이라고도 한다. 다시 말해서 '조원의 한 방울 물'은 조계 혜능의 법원(法源)으로부터 유출된 선법(禪法)을 가리키는 것으로 혜능의 근본정신이자 선의 진수를 말한다.

이 '조원의 한 방울 물'이 선문답으로 등장하게 된 연유는 이렇다. 한 수좌가 법안문익에게 물었다.

"조원의 한 방울이 무엇입니까?"

법안이 답했다.

"조원의 한 방울 물."

선가에서는 물음과 답이 모순된 경우 즉 동문서답의 형식이 있는가 하면 물음과 답이 같은 경우도 있다. 그러나 선의 요체는 언어가 끊어진 절대 '무심'의 경지에 있기 때문에 모순된 답을 하든 동일한 답을 하든 하등의 상관이 없는 것이다.

그의 질문에 대한 법안의 대답에는 선의 진수와 6조 혜능의 정법이 고스란히 드러나 있다.

적수의목(滴水宜牧) 선사는 임종할 때 다음과 같은 게송을 남겼다고 한다.

조원의 한 방울 물은
내 칠십여 평생 동안
받아쓰고 써도 마르지 않아
하늘을 덮고 땅을 덮는구나.

이 게송은 적수 선사가 "나는 조원사에서 수행하다가 겨우 물 한 방울 버렸다고 해서 칠십여 년 간 고생을 했지만 이 한 방울의 물에는 깊디깊은 부처님의 은혜가 광활한 천지의 한잔(天地一杯)에 이루 다 쓸 수 없을 만큼 가득 차 있다."고 말한 의미이다.

겨우 물 한 방울 버렸다고 해서 스승으로부터 받은 일갈(一喝)은 물을 소홀히 취급하지 말하는 뜻으로도 볼 수 있지만, 동시에 그 일갈 속에는 아주 깊은 뜻이 깃들어 있다. 그 뜻은 수행자가 한 방울의 물이 되었을 때 드러날 것이다.

수행을 하는 선방에서는 수행승이 아침에 세수할 때 통 속의 물을 조그만 국자로 두 번 정도밖에는 쓸 수 없다. 이 두 국자의 물로 양치

질하고 세수를 해야 하기 때문에 선방에서는 물을 대단히 소중하게 여긴다. 뿐만 아니라 의식주 모두 질박검소해야 하는데 이는 모두 수행의 한 과정이다.

깊은 산사(山寺)에서 흐르는 물은 사실 끝도 없고 마르지도 않는다. 그렇다고 가만히 고여 있는 것도 아니다. 당연히 가득 차면 흘러넘치게 마련이다. 어떻게 보면 하등에 아까울 것이 없다. 그럼에도 불구하고 흐르는 물마저 낭비하지 말 것을 강조하고 있다. 낭비와 사치·허영으로 넘쳐흐르는 현대사회, 우리는 이 선방의 생활태도에서 우리들의 생활을 좀 반성해야 되지 않을까.

《벽암록碧巖錄》

제10화

흰말이 갈대꽃으로 들어간다
(白馬入蘆花)

갈대는 물가 습지에 사는 식물로 가을에는 수많은 작고 하얀 꽃송이를 피운다. 이 말은 하얀 말이 흰 꽃을 피우면서 온통 무리 지어 살고 있는 갈대 속으로 들어가는 것을 표현한 것으로, 말이든 갈대꽃이든 모두 같은 흰 색이라 나눌 수 없다는 뜻이다. 이와 같은 뜻을 지닌 것으로는 다음과 같은 게송이 있다.

"은 주발에 눈을 담고 밝은 달에 백로를 감춘다(銀盌盛雪 明月藏鷺)." (동산록)

주발에 흰 눈을 담으면 주발과 흰 눈이 같은 색이라 구별할 수 없고, 가을 밝은 달의 하얀 빛이 교교히 비추고 있는 천지 속에 백로가 서 있으면 전혀 양자를 변별할 수가 없다. 이처럼 하얀 말과 흰 갈대

꽃, 은 주발과 흰 눈, 달빛과 백로는 모두 같은 색이라서 구별할 수 없는 것이지만, 그렇다고 해서 양자를 같은 것이라 할 수 없다. 이를 《전등록》에서는 이렇게 표현하고 있다.

해오라기 눈밭에 서 있어도 같은 색 아니요
밝은 달과 갈대꽃도 같은 것은 아니다.

희다는 관점에서 보면 모두 같은 색이겠지만 양자는 제각기 독자적인 특성을 갖고 있기 때문에 같으면서 다르고 다르면서 같은 것이다. 즉 흰 색이라는 점에서는 유사하지만 그렇다고 해서 동일한 것은 아니기 때문에 서로 섞여 있으면서도 제각기 특색이 있는 것이다. 이는 바로 불일불이관(不一不二觀 ; 동일한 것도 아니고 다른 것도 아니다)에 서 있는 것이라 하겠다.

백로와 갈대꽃의 동일함은 평등성을 나타내고, 그 양자의 차이는 차별성을 나타내고 있다. 요컨대 '평등이 곧 차별이요, 차별이 곧 평등'인 상즉원융(相卽圓融:서로 마주하면서도 원만히 섞인다)의 이치를 드러내는 것이다. 그것은 객관적인 천지만물과 주관적인 자아가 같은 뿌리요, 한 몸인 절대적 평등관에 서 있는 것이다. 이를 '천지는 나와 같은 뿌리요, 만물은 나와 한 몸'이라고 한다.

이 일체관은 상대적 분별을 끊은 절대 경지를 나타낸 것으로 일체를 비워 버린 진공(眞空) 혹은 묘유(妙有)의 세계관이다. '흰말이 갈대꽃으로 들어간다' 나 '은 주발에 눈을 담는다' '밝은 달에 백로를 감춘다' 등은 모두 상대적 인식을 뛰어넘은 절대의 공관(空觀)에 선 깨달음의 경지를 나타낸 것이다.

무아·무심의 경지에서 객관적인 만물을 대하면 자기가 그 만물에 몰입되어 한 몸이 되는 경지를 이룰 수 있다. 바로 그 광경이 흰 말이 갈대꽃으로 들어가는 모습이고, 밝은 달에 백로를 숨기고 은 주발에 눈을 담는 광경이다. 그것은 바로 '자기가 없는 것이며 동시에 그 없는 데서 자기가 나오는 것'이라고 설명할 수 있다.

참나(眞我)를 발견하기 위해서는 완전히 자기를 포기해야 한다. 자기를 객관적 대상에 몰입시킴으로써 자기가 자기에서 본래적 자기로 나타나는 것이다. 또한 주체성을 확립하여 순수한 인간성으로 돌아갈 수 있는 것이다.

흰 말이라는 자기를 직장이라는 하얀 갈대꽃 속으로 완전히 몰입시켜 버린다면 새로운 인생관·세계관이 펼쳐지면서 충실한 생활을 기대할 수 있을 것이다.

《벽암록碧巖錄》

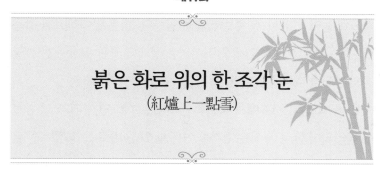

제11화

붉은 화로 위의 한 조각 눈
(紅爐上一點雪)

'붉은 화로 위의 한 조각 눈'은 마치 무상하고 덧없음을 비유한 것으로 볼 수 있지만, 선의 입장에서는 아주 깊은 뜻을 담고 있다. 그것은 다름 아닌 화로를 불심 · 불성에, 눈은 번뇌망상에 각각 비유해 볼 수 있기 때문이다. 따라서 치열하게 타고 있는 화로 위에 한 조각 눈을 놓으면 즉시 사라지는 것처럼 우리에게 갖춰진 불심 · 불성의 달이 휘황찬란하게 빛나고 있다면 어떤 망상이나 분별심이 나타난다 해도 순식간에 사라져 자취마저 없어진다는 의미이다.

화로와 같은 불심 앞에서는 한 점의 미망도 남김없이 태워져서 청정무구한 본래의 모습으로 돌아가 빛난다. 망상이 남김없이 소진돼 약간의 흔적도 남기지 않는 것을 '자취가 없다'고 하는데, 이는 철저하게 대오한 사람의 무애자재한 실천 수행을 가리킨다.

이 '자취를 없애는' 것은 본래 갖춰져 있는 불성이 미망의 구름에

덮여 있기 때문에 어떤 것도 태워 버릴 수 있는 열화 같은 의지가 있어야 비로소 가능한 것이다.

이 '붉은 화로 위의 한 조각 눈'에 대한 두 선사의 일화가 있다.

문 : 흰 칼날이 죽이려고 할 때 한 구절을 말하라.

답 : 붉은 화로 위에 한 조각 눈이다.

문 : 눈이 녹고 난 뒤에는 어떠한가?

답 : 비ㆍ눈ㆍ안개ㆍ얼음은 서로 다른 것이지만 녹으면 한가지로 계곡의 물이다.

이 문답에서는 일체를 융화하는 고차원의 심경을 엿볼 수 있다.

이 성어의 유래는 구체적인 역사의 사건이나 인물에 기반을 둔 것은 아니지만, 동양철학에서 강조되는 갑작스런 깨달음과 정신적 깨끗함이라는 주제에 맞닿아 있다. 불교에서 말하는 '화엄'의 세계는 모든 현상이 서로 연결되어 있음을 의미하는데, '홍로상일점설'은 바로 그 연결 속에서 일어나는 순간의 변화와 해탈의 순간을 상징적으로 표현하고 있다.

이러한 변화의 순간은 수많은 동양고전에서 강조되고 있으며 특히 장자의 '도덕경'에서는 작은 변화가 큰 변화를 가져온다는 사상을 가지고 있다. '선종'에서는 일순의 깨달음이 마음을 비우고 세상을 바라보는 새로운 관점을 가져다준다고 한다. '홍로상일점설'은 이런 문헌들과 사상들을 연결하는 다리와도 같은 역할을 하며, 우리에게 마음을 비우고 지금 이 순간을 살아가는 방법을 제시하고 있다.

《벽암록碧巖錄》

제12화

마음을 소멸시키면 불속에서도 시원하다
(滅却心頭火自凉)

《벽암록》제43칙에는, "동산은 춥고 더움이 없다(洞山無寒署)."의 평창(評唱 ; 비평)으로 "마음을 소멸시키면 불속에서도 시원하다."는 사심오신(死心悟新) 선사의 말이 인용되어 있다. 이 명구는 중국 당 말의 시인 두순학(杜荀鶴)의 '여름날 오공상인(悟空上人)의 집에 제함'이란 칠언절구 중 제4구이기도 한바, 오신 선사도 제3구와 제4구를 들고 있다.

삼복에도 문을 닫고 옷을 걸치며
방과 복도를 시원케 할 송죽(松竹)도 없다.
참선은 꼭 산수간에 할 필요는 없으니
마음을 소멸시키면 불속에서도 시원하다.

오공상인은 찌는 듯한 더위에도 문을 닫고 옷을 입고서 좌선을 하고 있다. 또 그 집에는 그늘을 드리울 만한 한 그루 소나무나 대나무도 심어져 있지 않다. 그러므로 좌선하는 장소는 따로 고요하고 시원한 산속이나 물가가 아니더라도 좋은 것이다. 오공상인처럼 망상을 없애 추위와 더위를 초월하면, 찌는 듯한 더위도 괴롭지 않고 오히려 시원하다. 이상이 이 시의 의미이다.

"안선安禪(좌선座禪)은 따로 조용한 산 속이나 물가가 아니라도 될 터이니, 상인처럼 인간의 심신을 산란하게 만드는 정신상태에서 벗어나 심두(心頭)를 멸각시킨다면 찌는 듯한 더위도 괴롭지 않은 것이네."

'심두멸각(心頭滅却)'은 더위와 싸우는 것이 아니라 더위에 동화되는 것이다. 더우면 더운대로, 추우면 추운대로 무아(無我)와 무심(無心)의 경지에서 더위와 하나가 되면, 더위 속에서도 시원함을 느끼게 된다. 마찬가지로 추울 때에는 또 봄날처럼 포근함을 느끼게 된다.

분별하는 마음을 남김없이 끊어서 무아·무심의 삼매경에 투철하면 찌는 듯한 더위에서도 시원함을 느끼고 극한 속에서도 봄바람의 따뜻함을 느낀다. 객관적 대상으로부터 도피하지 않고 한걸음 더 나아가 그 대상과 합일하면, 다시 말해서 추위와 더위, 고통과 즐거

움에 몰입하여 대상과 자기가 일체가 되면 무심무상(無心無想)의 심
경이 펼쳐지는 것이다. 고통을 회피하지 않고 적극적으로 철저하게
대결해 나간다면 더위 속에서도 오히려 시원함을 느낄 수 있다.

《벽암록》에서 한 승려가

"어떠함이 추위와 더위가 없는 것입니까?" 하고 물으니, 동산 선
사는 이렇게 대답했다.

"추울 때는 얼려 죽이고 더울 때는 쪄 죽이는 것이다."

《벽암록碧巖錄》

제13화

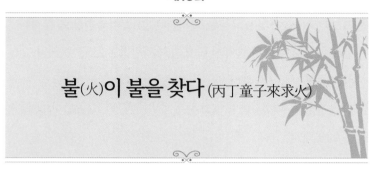

불(火)이 불을 찾다 (丙丁童子來求火)

법안종의 개조인 법안문익(法眼文益)의 문하 중에 현측감원(玄則監院)이라는 사람이 있었다. 감원이란 사원의 행정 일체를 담당하는 소위 부주지급 직책이었다. 그러나 그는 한 번도 스승 문익을 찾아가 가르침을 청하는 일이 없었다.

어느 날 문익은 그 까닭을 물었다.

"현측아, 너는 여기에 온 지 벌써 23년이 되었다. 그런데 어째서 한 번도 나를 찾아와 가르침을 청하지 않느냐? 무슨 까닭이라도 있느냐?"

현측이 대답했다.

"별다른 뜻이 있어서가 아니오라 실은 제가 여기 오기 전에 청봉의성(靑峰義誠) 선사한테서 받은 화두가 있습니다. 그것은 '자기라는 것은 어떤 것입니까?' 하고 제가 여쭈었을 때 스승께서는 '병정동자래구화(丙丁童子來求火)'라고 대답하신 것입니다."

"그런가, 그것 참 좋은 가르침을 받았구나. 그러나 너는 아직 그걸 알지 못하였구나."

그러자 현측은 이렇게 말하였다.

"병정(丙丁)은 오행(五行)에서 화(火)에 속하므로 모두 불(火)을 취급하는 신을 말합니다. 화신(火神)이 불(火)을 구하고 있는 것은 불(佛)을 구하고 있는 것이 됩니다. 불(佛)이란 자기를 말한다는 것을 저는 깨달았습니다."

그러자 문익은 이에 대하여 긍정하지 않았다. 그리고는 다음과 같이 말했다.

"역시 내가 생각했던 대로구나. 너 따위가 알 리가 없지."

이 말을 들은 현측은 성내며 절을 뛰쳐나왔다.

"이런 스승 밑에 있어 봐야 말이 통하지 않는다."

그리고는 양자강을 건너 여행길에 올랐다. 그러나 도중에 갑자기 생각나는 것이 있었다.

'문익 선사는 많은 제자들로부터 스승으로 숭앙받는 사람이다. 어째서 그런 말을 했을까? 무슨 까닭이 있음에 틀림없다.'

그래서 다시 돌아가기로 하였다. 그때 문익도 이렇게 생각하고 있었다.

"현측이란 놈, 성내며 가고 말았으나 무척 아까운 놈이다. 혹여 그가 다시 돌아온다면 이번에는 정말로 깨달음을 얻을 것이다. 그러나 돌아오지 않으면, 두 번 다시 깨달음을 얻을 수 있는 기회는 없을 것이다."

현측이 다시 스승에게 돌아와 사죄했을 때 문익이 진심으로 기뻐하였음은 두말할 나위도 없다.

"무슨 듣고 싶은 말이 있어서 왔는가?"

"네, 불(佛)이란 대체 어떤 것입니까?"

문익은 숨도 쉬지 않고 한숨에 이렇게 말하였다.

"병정동자래구화(丙丁童子來求火)."

현측은 이때 비로소 두 번째의 깨달음을 얻었다. 두 번째의 깨달음이 진정한 깨달음이었다. 첫 번째의 깨달음은 불교에서 말하는 지혜에 의한 깨달음이다. 생활 속의 실제 체험으로 알아 버린 것이 두 번째의 깨달음이다.

《벽암록碧巖錄》

276

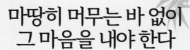

제14화

마땅히 머무는 바 없이
그 마음을 내야 한다
(應無所住 而生其心)

《금강경》에 실려 있는 유명한 말로서 6조 혜능 대사가 깨달음을 얻은 인연 깊은 문구이기도 하다.

혜능 대사가 3세 때 부친을 여의고 집이 가난해 매일 장작을 팔아서 그것으로 겨우 생계를 유지하며 늙은 어머니를 봉양하고 있었다. 어느 날 그는 평소처럼 장작을 지고 시장으로 나갔는데, 한 스님이 읽고 있던 경의 구절 가운데 "마땅히 머무는 바 없이 그 마음을 내야 한다."라는 구절에 감동을 받았다.

혜능은 그 스님으로부터 그 경이 《금강경》이며 또 5조 홍인 선사가 황매산에서 그 경을 강의하며 '견성성불(見性成佛)'을 설한다는 말을 듣고 구도의 뜻을 세워 출가하려고 했다. 그러나 늙은 어머니가 염려되었는데, 이 문제도 어느 기인의 도움으로 해결함으로써 안심하고 홍인 선사를 참예하였다.

홍인 선사는 혜능이 비범한 큰 그릇임을 알아보고 8개월 동안 방아를 찧고 장작을 패면서 고행을 쌓도록 하였다. 마침내 혜능은 '마땅히 머무는 바 없이 그 마음을 내야한다'는 도리를 깨달아 홍인의 법을 이어 중국 선종의 6조가 되었으며, 선의 중흥조로 추앙받는 고승이 되었다.

"마땅히 머무는 바 없이 그 마음을 내야 한다."는 말은 부처님이 십대제자 가운데 수보리(須菩提)에게 수행 중의 마음 씀씀이(用心)에 대해 가르친 구절이다.《금강경》에 다음과 같이 설해져 있다.

수보리야, 도를 구해 수행하는 자는 청정심(순수한 마음)을 일으키려고 해서는 안 된다. 눈으로 보는 것(色), 귀로 듣는 것(聲), 코로 맡는 것(香), 혀로 맛보는 것(味), 몸으로 느끼는 것(觸), 마음으로 생각하는 것(法), 이들 모두에 집착하는 마음을 일으키지 말아야 한다. 이처럼 머무는 바 없이 그 마음을 내야 한다.

'머문다'는 것은 마음이 한곳에 머물러 고정되어 집착하는 것이다. 이것이 미혹을 일으키는 근본원인이 된다. 따라서 '마땅히 머무는 바 없이 그 마음을 내야 한다'는 마음이 사물을 향하더라도 그 사물에 마음을 빼앗기거나 집착하지 않고, 있는 그대로 자유롭게 대처해 나가는 것이다.

결국 우리의 마음은 어느 곳에든 머무는 데에서 애착과 번민이 생긴다. 마음이 머무는 그곳, 그곳이 고민의 씨앗이 된다. 그래서 머무는 마음을 생사윤회의 굴레라고도 말한다.

설봉 선사는 어느 수행승에게 이렇게 말했다.

"나는 빈손으로 집을 나왔다가 다시 빈손으로 돌아간다."

이 역시 '머무는 바 없음'의 세계다. '마땅히 머무는 바 없이 그 마음을 내야 한다.'는 수행이든 일상생활이든 좌우명으로 삼을 만하다.

《금강경金剛經》

제15화

곳에 따라 주체가 되면
서 있는 곳이 모두 참되다
(隨處作主 立處皆眞)

이것은 임제의현(臨濟義玄)이 수행자에게 말한 것으로 《임제록》에 실려 있다. '주(主)'는 확립된 주체성이라고도 하고 어느 것에도 속박되지 않는 무애자재한 자라고도 하는데, 임제 선사가 말한 '무위진인'이나 '주인공'이라고 할 수 있다.

'무위진인'은 빈부(貧富)·귀천(歸天)·미오(迷悟)·미추(美醜)·순역(順逆)의 대립관념을 초월해 어느 것에도 집착치 않는 참된 해탈인을 가리킨다. 진인(眞人)은 도가의 고전 《장자》에 나오는 말이다. '주인공'은 만인이 본래 갖추고 있는 본심·불성·본래면목을 가리킨다. 따라서 '곳에 따라 주체가 되면 서 있는 곳이 모두 참되다'는 어떤 경우라도 늘 주체성을 잃지 않고 주인공을 자각하여 무애자재하면서 온몸과 마음으로 힘껏 생활해 나간다면 곳곳마다 진실을 파악할 수 있다는 뜻이다. 이러한 마음가짐으로 인생을 보낸다면 매일 매일이 진실의 현현이라서 사는 보람을 발견할 수 있는 것이다.

　현대사회는 병리현상을 안고 있어서 인간은 늘 불안과 고뇌와 초조 속에 생활하고 있으며 구속과 압박에 시달리고 있다. 이런 상태에서는 주체성을 확립하기도 어렵고 참된 자유를 얻을 수도 없는 것이 아닌가? 환경이야 어떻든 주체성의 확립이나 마음의 자유는 남에 의하지 않고 자기 스스로 깨달아 확립해야 하며, 자기 의지로써 이루어 내야 한다. 선은 주체성을 확립하고 마음의 자유를 얻는 데 있다. 장자가 설한 '소요유(逍遙遊)'는 어느 것에도 속박되지 않는 절대자유의 생활을 하는 인간의 경지를 능숙하게 표현하고 있다. 이 같은 주체성 있는 무애자재한 생활이야말로 바로 선이며, '곳에 따라 주체가 되면 서 있는 곳이 모두 참되다'인 것이다.

《임제록臨濟錄》

제16화

바람이 불어도 하늘에 걸린 달을 움직이지 못하고, 눈이 쌓여도 계곡의 소나무를 꺾기 어렵다
(風吹不動天邊月 雪壓難催碉底松)

뜬 구름은 바람이 부는 대로 이리저리 오고가지만 하늘의 달은 아무리 바람이 불어도 꿈쩍하지 않는다. 잡목은 쌓인 눈이 내리누르면 부러지지만 골짜기의 소나무는 웬만치 눈이 쌓여도 꺾이지 않는다.

이 구절은 어떠한 고통과 괴로움이 닥치더라도 결코 움직이지 않는 확고부동한 신념과 의지를 나타낸 시이다. 역경에 처해서도 어려움을 참고 견디는 각고면려(刻苦勉勵)가 처세하는 데 중요하다. 옛사람도 "어려움이 그대를 옥으로 다듬는다."라고 했듯이 괴로움을 견디는 것 속에서 자신의 진가가 발휘되고 탁월한 인격도 형성되는 것이다.

이 시구에 나오는 달과 소나무는 본래 갖춘 순수한 본심, 불심을 비유하고, 바람과 눈은 번뇌, 망상을 비유한 것으로 볼 수 있다. 따라

282

서 마음의 근저에 있는 존엄한 불성은 번뇌, 망상에 의해 움직이거나 더럽혀지지 않는다는 의미로도 이해할 수 있다.

"바람이 불어도 움직이지 않는다."와 같은 뜻을 지닌 것으로 "팔풍(八風)이 불어도 움직이지 않는다."라는 구절이 있다.

'팔풍'은 번성과 쇠퇴(利衰), 깎아내림과 기림(毀譽), 칭찬과 비방(稱譏), 고통과 즐거움(苦樂)의 여덟 가지를 말한다. 이 여덟 가지는 애증을 통해 인심을 뒤흔들기 때문에 바람에 비유한 것이다. 이처럼 인심을 뒤흔드는 바람이 우리 주변에 끊임없이 불어도 정법에 안주하여 결코 흔들리지 않는 것, 이것이 '팔풍이 불어도 움직이지 않는다'이다. 이 구절은 어떤 경우에도 흔들리지 않는 확고한 신념을 나타낸 선어의 좌우명으로 삼을 만한 것이다.

《진등록傳燈錄》

제17화

과거 마음도 현재 마음도
미래 마음도 찾을 수 없다
(過去心不可得 現在心不可得 未來心不可得)

석두(石頭) 계통의 덕산(德山)은 대단히 열심히 공부하였으나 교만함이 있었다. 그는 용담숭신(龍潭崇信)의 명성을 듣고서 남쪽으로 찾아갔다. 점심(點心) 때가 되어 목적지 가까운 곳의 주막에서 잠깐 쉬면서 배를 채우려고 점심을 주문하였다. 그리고는 주막의 노파에게 이렇게 물었다.

"이 부근을 용담(龍潭)이라고 하던데 그 이름이 굉장히 멀리까지 퍼져 있더군. 그런데 막상 와서 보니 듣던 것과는 매우 다르고 어디를 둘러봐도 용이 살 만한 곳은 한 군데도 없는 걸 보니 대단한 곳은 못되는군."

그러자 주막집 노파가 말했다.

"스님, 스님이 갖고 계신 그 책은 무슨 책입니까?"

"음, 이것 말인가. 이것은 《금강경》이라는 아주 귀한 경전이네."

"그렇습니까. 저도 지금까지 불교의 가르침에 대해서 많이 배웠습니다만, 한 가지 도저히 모르는 것이 있는데 좀 가르쳐 주시겠습니까?"

"그런가? 좋으니 무엇이든 물어 보게. 가르쳐 주겠네."

주막집 노파가 알아야 무엇을 알고 있겠느냐 싶어 덕산이 의기양양한 얼굴로 그렇게 말하자 노파는 다음과 같은 질문을 했다.

"《금강경》에서는 '과거심'도 찾을 수가 없다. '현재심'도 찾을 수가 없다. 그리고 '미래심' 또한 찾을 수가 없다(過去心不可得 現在心不可得 未來心不可得)고 말하고 있는데 지금 스님께서는 이 중 어느 마음으로 점심(點心 ; 밥 먹는 점심도 한자는 이렇게 쓴다. 점심은 허전한 마음을 약간 달래는 정도의 양을 먹는다는 뜻)을 드시려 하십니까?"

노파는 이어 이렇게 말했다.

"만일 스님께서 그 대답을 하신다면 내가 점심을 그냥 대접할 것이고 그렇지 못하면 설사 점심값을 내신다 해도 점심을 드릴 수가 없습니다."

점심이라는 말과 부처님에게 마음을 바친다고 하는 점심(點心)을 결부시키고 있는 데에 덕산은 깜짝 놀라 대답할 수가 없어서 입을 꼭 다물고 말았다. 꼼짝없이 덕산은 점심을 굶고 말았다. 이러한 도리를 노파는 도대체 누구에게서 배웠을까. 덕산은 빨리 그 사람을 만나고 싶었다.

"이보시오, 노파. 나는 당신에게 대답해 드릴 수가 없구료. 대체 누가 그런 것을 가르쳐 주었소. 틀림없이 이 부근에 유명한 분이 계실 것 같은데?"

"여기서 5리쯤 되는 곳에 숭신(崇信)이라고 하는 스님이 계십니다."

그래서 덕산은 허겁지겁 숭신을 방문하여 선문답을 하였으나, 사사건건 지고 말아 마침내 그의 제자가 되어 그의 법을 계승했다.

현재에 살고 있는 우리는 결국 과거인(因)의 결과이다. 그리고 현재도 결국엔 과거가 되며 미래도 현재가 된다. 그러므로 이 시간의 경과라고 하는 것은 대단히 붙잡기 어렵다. 한마디로 과거·현재·미래라는 것이 어디에서 어디까지라고 구별지을 수 있는 것도 아니고, 또한 시간의 흐름을 포착하기도 어렵다.

그렇다면 현재의 우리라는 존재는 대체 무엇인가, 어떻게 받아들여야 하는가 하는 것이 문제가 된다. 그래서 일상생활을 있는 그대로 받아들이는 것, 즉 '평상심이 곧 도이다'에서부터 '나날이 곧 좋은 날'에 이르는 입장까지 지양하지 않으면 안 된다는 것이다. 과거·현재·미래의 흐름은 즉 자기가 살아 있다는 뜻이다. 언제나 겸허한 마음으로 상대를 대하고 공부하고, 헛되이 인생을 보내지 않고 스스로 노력하면서 '아아! 좋다'라고 생각하는 나날을 만들어 내는 데 큰 의미가 있다.

《금강경金剛經》